Lucie Nixdorf

Sehnsucht nach Korsika

Lucie Nixdorf

Sehnsucht nach Korsika

Impressum

©Copyright 2015
1. Auflage 2009
Alle Rechte bei der Autorin

Herstellung und Verlag:
BoD - Boks on Demand, Norderstedt
ISBN: 9783734768811

Inhalt

Teil 1

1. Endlich Ferien — 7
2. Reife Schönheit — 12
3. Bombenstimmung in Algajola — 18
4. Am Strand der Nackten — 24
5. Der Duft der Maccia — 31
6. Besuch von Gudrun — 36
7. Es lebe der Fußball — 41
8. Die Messe — 46
9. Eine alte Liebe — 51
10. Schaumbad — 57
11. Perle des Südens gesucht — 61
12. Grand ball de Chariot — 68
13. Die Heimkehr — 72

Teil 2

14. Der Ruf Korsikas — 77
15. Feuer und Sturm — 89
16. Torschlusspanik — 95
17. Abschied — 102
18. Über den Wolken — 108

Teil 1

Endlich Ferien

Ach ist das schön! Hier zu sitzen am Strand von Korsika, den Blick versunken in das unendliche Blau von Himmel und Meer, die sich am Horizont in einer vollkommenen Linie vereinen, und einfach nichts zu tun. Die Zeit vergeht, ganz ohne mein Zutun und ohne dass ich das Gefühl habe, etwas zu verpassen.
Vier Wochen Urlaub liegen nun vor mir und das an dem schönsten Ort der Welt, für mich zumindest. *Ile de Beauté* – Insel der Schönheit, so wird sie auch genannt. Sie ist eine wilde Schöne mit hohen Bergen, sanften Hügeln, bizarren Felsen über kleinen Buchten mit langen Stränden vom Mittelmeer umspielt.

Mein Zimmer: sauber und einfach, mit Bad und französischem Bett. Es ist das letzte der Bungalowreihe auf dem Strand, von hier sind es nur wenige Meter zum Wasser, je nachdem wie hoch die Wellen sind. Im Moment weht eine linde Brise und treibt kleine Wellen vor sich her, während die Mittagssonne gleißende Lichter aufs Wasser zaubert. Ich genieße derweil einen kleinen Imbiss im Schatten des Sonnenschirms vor meinem Zimmer, den Blick weithin in die Ferne schweifend. Ab und zu schiebe ich mir ein Stück von dem delikaten Schafskäse oder der leckeren Wildschweinwurst in den Mund, gefolgt von einem Happen knusprigen Baguette und einem Stück Tomate in Olivenöl-Zitronen-Basilikumdressing. Dazu einen Schluck von dem köstlichen gekühlten Rotwein, was braucht Frau eigentlich mehr? Und sollte doch einmal ein einigermaßen passables Mannsbild alleine den Strand kreuzen, wird es sogleich geflissentlich von mir der „besseren Hälfte" zugeordnet, die garantiert irgendwo unter einem Sonnenschirm mit wachsamen Blicken auf seine Rückkehr wartet. Aber was soll's, gut Mann will eben Weile haben. Wenn überhaupt, dann wäre mir ein „Einheimischer" auch lieber, denn eigentlich will ich ja mal nach Korsika auswandern, aber die Korsen sind leider alle so klein und entweder zu jung oder zu alt. Seit zwanzig Jahren nun fahre ich schon in dieses ehemalige Fischerdorf mit dem schönen Namen Algajola, doch bis auf meine erste verunglückte Bekanntschaft zu einem gewissen Jean im ersten Jahr ist mir hier seitdem kein passendes Exemplar mehr weit und breit begegnet. Allerdings gehe ich auch nicht auf die Suche, weder hier noch zu

Hause, denn ich warte auf den „von Gott Gesandten" und hoffe, dass es noch in diesem Leben passieren wird.

Dieses Jahr bin ich zum ersten Mal ohne meine Tochter Carla hier, die lieber mit ihrem Freund zu Hause geblieben ist. Was auch sein Gutes hat: Kein Mensch, auf den ich Rücksicht nehmen muss, keiner, dem ich erklären muss, warum ich abends um zehn Uhr ins Bett gehen und meine Ruhe haben will oder warum ich schon wieder das Zimmer ausfege. Mich braucht nicht zu kümmern, ob der Bauch von irgendeinem außer dem meinen gefüllt ist oder ob die Sachen weggeräumt wurden. Keiner kann so gut aufräumen wie ich!
Und allein diese Ruhe: Kein Telefon, kein Fernsehen, kein Radio, keine Autos und erst recht keine mühseligen Diskussionen über die richtige Haushaltsführung, anstatt dessen nur das sanfte Rauschen des Meeres. Nur manchmal wird es von einem plärrenden Kind aus der Nachbarschaft übertönt, aber was soll's, es ist ja nicht mein eigenes, was ich sofort registriere. Allein mein eigener zäher Husten, ein Überbleibsel einer Bronchitis, die ich mir ausgerechnet noch vor dem Urlaub eingefangen hatte, stört meine Ruhe. Zu dumm auch, dass ich den

Hustensaft zu Hause vergessen hatte, an alles andere hatte ich gedacht. Ich werde zu einer Apotheke fahren müssen.
Aber dies tut meiner Stimmung keinen Abbruch. Voller Freude stürze ich mich in die noch kühlen Fluten der Vorsaison. Glasklares türkisfarbenes Wasser umgibt mich, unter mir heller Sand und kleine Fischschwärme, die mit etwas grün-braunem Tang in der Strömung treiben, ich fühle mich wie einer von ihnen. Als ich rauskomme, empfängt mich die Sonne mit ihren wärmenden Strahlen und ein leichter Wind streichelt meine Haut.

Vier Wochen ohne Fernseher und Zeitung heißt auch vier Wochen ohne Mord- und Totschlag, denn glücklicherweise verstehe ich von den Artikeln im *Corse Matin*, der hier in jedem Café oder Restaurant ausliegt, nur wenig. Aber nach den freundlichen Bildern zu urteilen scheint das Leben hier auch wirklich weniger grausam. Bei der Einweihung einer neuen Bäckerei in *Sartène* zum Beispiel machen die Beteiligten einen locker fröhlichen Eindruck, so ganz anders als bei uns daheim im „Käseblatt", wo die bildliche Dokumentation eines solchen Anlasses nach den grimmigen Minen der Anwesenden eher ein Trauerspiel vermuten

lassen würde. Und am französischen Nationalfeiertag, den 14. Juli, gibt es Bilder mit begeistert feiernden Menschen.
Ich bin auch begeistert. Denn sogar von meinem Bett aus habe ich Meerblick durch die offene Tür sowie einem großen Fenster zum Meer hin und kann den Sonnenuntergang bewundern mit seinem phantastischen Wechsel der Farben und Formen. Und es sieht immer anders aus, garantiert. Mal einfach nur blau bis rosa verschwommen mit tollen Wolken-Formationen, mal orange bis pink, wenn die Sonne das Meer küsst.
Apropos Küssen - das würde ich eigentlich auch mal gerne wieder tun, sieben Jahre ist es schon wieder her, das letzte Mal.

Reife Schönheit

Wenn ich morgens aufstehe und meinen ersten Blick hinauswerfe ist es immer wieder eine Überraschung. Wir sind hier an der Westküste und haben somit zwar meistens schönes Wetter mit strahlendem Sonnenschein, aber der Wind bestimmt das Bild. Je nach seiner Stärke präsentiert sich das Meer mit kleinen Schaumkronen bis hin zu gewaltigen Wogen, ziehen weiße Wölkchen am blauen Himmel oder türmen sich Wolkenberge im Hinterland, um dort abzuregnen.

Heute ist es vollkommen windstill. Einladend liegt das Meer ruhig und glatt in der Morgensonne, so als ob es noch schlafen würde und mit ihm die Häuser von Algajola, die sich am Ende vom Strand in den Hügel schmiegen, von den ersten Strahlen erhellt. Wie geschaffen für ein erstes Bad und die Morgengymnastik, die ich mir für den Urlaub auferlegt habe.

Die Zeit ist günstig, da der Strand noch fast leer ist, nur ein paar Angler versuchen weiter hinten ihr Glück und einige Jogger sind unterwegs. Schließlich muss ja nicht jeder meine ungeübten Verrenkungen sehen. Aber was soll's, Arme hoch und strecken, jetzt in die Hocke und zehn Kniebeugen, dann hoch die Beine und schwingen. Dabei äuge ich unauffällig nach vermeintlichen Zuschauern, doch auch die ersten eintreffenden Badegäste nehmen nicht weiter Notiz von mir und es schallt auch kein Lachen von meinen Nachbarn aus der Anlage herüber, wo einige schon beim Frühstück draußen sitzen.

Also auch in meinem Alter kann man durchaus noch anfangen, etwas für die Figur zu tun. Voller Elan tauche ich ein in das erfrischende Nass, schwimme ein paar kräftige Züge hinaus und lege mich dann auf den Rücken, lasse mich treiben. Über mir wölbt sich ein strahlend blauer Himmel, vor mir rahmen die grünen Hügel der *Balagne* die Bucht von *Algajola* ein mit ihren winzigen Dörfern und dem dahinter steil aufragendem Massiv des *Monte Grossu.* Hinter mir verliert sich das Meer in der blauen Unendlichkeit, oh mein Gott, was ist das schön!

Nach dem Schwimmen nehme ich eine Dusche. Das Wasser ist kalt und braucht lange, um warm zu werden, dann ist es heiß. Gerade als ich so richtig eingeseift bin, versiegt es ganz. Nur noch wenige Tropfen finden ihren Weg aus der Brause auf meinen Kopf, na prima! Während ich bibbernd auf die Dinge warte, die da wohl hoffentlich noch kommen, habe ich genügend Zeit, meinen Körper zu begutachten. So schlecht ist der ja noch gar nicht, nur die paar Gramm Bauchspeck, die ich mir nach der Raucher-Entwöhnung angefressen hatte, könnte ich gut entbehren. Auch die Haut ist schon mal straffer gewesen, vor allem an den gewissen Zonen, aber Schwangerschaft und Stillzeit forderten eben ihren Tribut genauso wie zwanzig Jahre Schreibtischtätigkeit. Ohne Brille kann ich keine Einzelheiten mehr entdecken und somit jetzt nur die größeren Falten, was mir in diesem Falle aber nicht Leid tut.

Wie schön: Das Wasser läuft wieder, zwar fast kalt, aber immerhin doch schon. Dafür ist es so rein, dass man es trinken kann und wohlschmeckend zugleich. Es kommt aus den Bergen und ist fast kalkfrei, was man an den Armaturen im Bad gut sehen kann. Nur kann die betagte Gas-Wasserinstallation des *L' Escale* einem erhöhten Bedarf manchmal nicht standhalten, wie mir der Vater des Patron erklärte, zu wenig Druck und zu viele Leute ...

Beim Eincremen massiere ich meine Haut, die schon etwas gebräunt ist. Mit den von der Sonne leicht aufgehellten Haaren und den blauen Augen sehe ich eigentlich noch ganz passabel aus, finde ich. Nur bleiben irgendwie die Verehrer aus, die sich früher schon mal gerne um mich geschart hatten. Auch ganz allgemein scheinen die Männer sich heutzutage lieber in Zurückhaltung zu üben und der Single-Mann schlechthin scheint ein aussterbendes Wesen zu sein, frei nach dem Spruch: „Männer sind wie Klos – entweder besetzt oder beschissen!"

Jetzt habe ich mir aber erst einmal ein Frühstück redlich verdient. In der Gemeinschaftsküche am Ende der Bungalowreihe bereite ich mir einen *café au lait*. Hier teilen sich die internationalen Gäste aus Dänemark, Holland, Deutschland, Österreich, Polen, der Schweiz, Italien und nicht zuletzt Frankreich und manchmal sogar aus Amerika oder Australien zwei Gaskocher, zwei Kühlschränke und zwei Spülen. Die verschiedenen Esskulturen und Vorstellungen von Sauberkeit finden alle in dieser Küche ihren Niederschlag. Und das ist auch gut so, denn durch die unterschiedlichen Essenszeiten wird eine Überbelegung meistens vermieden. Zuerst essen die Deutschen und zuletzt die Italiener. Was mich wirklich erstaunt, ist die Tatsache, dass fast keine Sachen aus den Kühlschränken wegkommen. Eher muss man

schon einmal ein vergammeltes Teil, dessen Besitzer wahrscheinlich schon vor einigen Wochen abgereist ist, mit spitzen Fingern entsorgen. Koch- und Essgeschirr kann aus dem Fundus ehemaliger Gäste rekrutiert oder selbst mitgebracht werden, zwei Grills stehen zur freien Verfügung. Die internationale Kommunikation verläuft meist in Französisch oder Englisch, was fast jeder kann oder notfalls mittels Gesten.
Zu dem Kaffee mit Milch gibt es ein frisches *Croissant* von dem Bäcker um die Ecke mit Kastanienhonig aus der *Castagniccia*.

Dann mache ich mich auf zur nächsten Bahnstation des *feurigen Elias,* wie der kleine, aber schnelle Inselzug liebevoll genannt wird, der zwischen *Bastia* und *Calvi* in der Saison stündlich tagsüber verkehrt. Laut Fahrplan müsste er gleich kommen, mein Ziel ist *Ile Rousse*, wo es eine Apotheke gibt. Noch eine Nacht mit diesem Husten muss nicht sein. An der Station, die aus einem zehn Meter langen Bahnsteig direkt am Strandweg besteht, warten schon einige Fahrgäste. Ich geselle mich dazu und schaue mich um. Alle sind fröhlicher Stimmung an diesem herrlichen Vormittag und in der Erwartung des bevorstehenden Ausflugs.
Nach einer Weile frage ich einen

Nebenstehenden nach der Uhrzeit und stelle fest, dass der feurige Elias schon zwanzig Minuten Verspätung hat. Vielleicht war er schon weg, als ich kam, überlege ich, aber die anderen verneinen dies entschieden, sie würden hier schon fast eine Stunde stehen und kein Zug wäre vorbei gekommen. Also warten wir weiter. Eigentlich müsste schon bald wieder der nächste Zug kommen, aber nichts tut sich.

Die gute Stimmung droht in der Hitze des schattenlosen Bahnsteigs mittlerweile etwas abzuflauen, als ein Trupp Touristen vorbeikommt und uns frohgemut zuruft, dass heute wohl kein Zug mehr kommen wird, da die französische Bahn wieder streikt. Ah ja, gut dass man das auch einmal erfährt. Na prima, ausgerechnet heute. So ein Mist, was mache ich denn nun? Auf jeden Fall brauche ich auch was zu essen und zu trinken. Also auf ins Dorf.

Algajola in Bombenstimmung

Als ehemaliges Fischerdörfchen hat es sich mit den alten Häusern, dem winzigen Hafen, den engen Gassen und der kleinen Schule an dem Dorfplatz, der *Mairie* und einer *Brasserie* unter den Platanen seinen Charme bewahrt. Doch auch hier lebt man heutzutage vom Tourismus, was sich in den renovierten Fassaden, liebevollen Blumenterrassen und der erst kürzlich renovierten Kirche positiv niederschlägt. Einige kleine geschmackvolle Hotels, ein paar einladende gemütliche Restaurants mit Meerblick und über allem thront die mächtige genuesische Zitadelle. In den letzten zwanzig Jahren hat sich hier nicht viel verändert, was wir nicht alleine den Bewohnern von *Algajola* zu verdanken haben, sondern auch und vor allem den Kämpfern der *FLNC* und anderen korsischen Freiheitsbewegungen, die schon mal mit Bombengewalt ausländische Investoren zurückschreckten. Im Hinblick auf eine Vergangenheit mit ständig wechselnden Eroberern, wovon die versteckte Lage der alten Dörfer mit ihrer verschlossenen Bauweise, den Fluchtwegen und Wachtürmen noch heute zeugt, scheint dies verständlich. Und wie sonst würden sich die modernen Gegner mit ihrer finanziellen Überlegenheit vom Bau sogenannter Bettenburgen abhalten lassen? Dass sich in den zerstörten Objekten niemals Personen aufhielten und keiner zu Schaden kam, weist auf die große Sachkenntnis und den Pazifismus der korsischen Freiheitskämpfer hin und lässt ihre „Maßnahmen" moralisch vertreten.

Schon der berühmte Sohn Korsikas, *Pasquale Paoli,* rief 1755 eine eigene korsische Regierung mit einer fortschrittlichen demokratischen Verfassung aus, noch vor der französischen Revolution und der republikanischen Verfassung der neuen Staaten Amerikas.

Ich selber habe solch ein Bombenattentat nur ein Mal direkt erlebt, im Frühjahr 1984, als ich zum ersten Mal auf Korsika weilte. Es war gegen fünf Uhr eines Morgens, als mich ein gewaltiges „Bumm" aus dem Schlaf riss. Wie wir später feststellten, war der fast fertig gestellte Neubau eines Supermarktes an der Ecke der Straße unten in Schutt und Asche gelegt worden.

Ansonsten hat man schon einmal die schwärzliche Ruine eines Hauses mit den entsprechenden Graffiti an den Mauern irgendwo in den Hügeln am Rande der Küste

beim Vorbeifahren registriert. Und bei näherem Hinsehen weisen einige Verkehrsschildern Löcher in alter Wild-West-Manier auf.
Aber es ist auch zu unglücklichen Konflikten bis hin zu Mordanschlägen gekommen, vor allem zwischen der französischen Regierung und der korsischen Autonomiebewegung sowie innerhalb der großen einflussreichen korsischen Clans.

Ich gehe zuerst beim *Chariot* vorbei, der ältesten Kneipe auf dem Dorfplatz unter den Platanen, die sich mittlerweile dank ihres vorzüglichen einfachen Restaurants, ihrer einmaligen im Holzofen gebackenen Pizza und den für mediterrane Verhältnisse günstigen Preisen bei den Einheimischen sowie den Touristen gleicher Beliebtheit erfreut. Die Inhaber sind die Brüder Ambroise und François letzterer ist auch der stellvertretende Bürgermeister. Ich kenne beide sowie einige Gäste schon seit zwanzig Jahren. Vor allem bei *François,* der hinter der Theke steht, versuche ich öfters meine Französisch-Kenntnisse aufzupolieren. Sein Sohn Antoine ist im Alter meiner Tochter und hilft jetzt schon mal an der Theke aus.
Nach einer freudigen Begrüßung setze ich mich mit einem Café vor die Tür im Schatten

der Markise und beobachte das Treiben. Wenn ich noch einkaufen will, muss ich mich beeilen, denn die zwei Läden, die es in *Algajola* gibt, schließen um 12:30 zur Mittagspause. Ich mache mich auf zu *Chez Marie,* einem kleinen antiquierten Krämerladen. Sein Sortiment schrumpft zusehends so, wie das des neuen Supermarktes wächst und auf meine Frage, wann denn das Bier oder der Käse wieder rein kommen würden, antwortet Joseph, der Sohn von Marie, der den Laden übernommen hat, und den ich nun auch schon seit zwanzig Jahren kenn, jedes Mal mit: „Nächste Woche!". Auch die Frische seines Gemüses scheint im gleichen Maße zu schwinden wie seine Gesprächsbereitschaft, aber den Charme seiner Mutter hatte er ja noch nie.
Mit ein paar Kartoffeln, Zwiebeln, Knoblauch, Zitronen, Tomaten und einer Flasche Rotwein mache ich mich wieder auf den Heimweg. Dabei komme ich an dem *Office du Tourisme* vorbei, ein winziges Büro, in dem sich die Prospekte stapeln und die Angestellte ein altmodisches Telefon hütet. Mein Husten fällt mir wieder ein, vielleicht kann ich ja hier erfahren, wann der nächste Zug wieder fährt.
Janett ist Engländerin, kam vor dreißig Jahren nach Korsika und ist ausgesprochen

freundlich und hilfsbereit. Sie bietet mir an, mich in ihrer Mittagspause mit dem Auto zur nächsten Apotheke nach *Lumio* mit zu nehmen und mich auch wieder auf dem Rückweg ab zu holen. Wir müssten uns nur beeilen, da sonst die Apotheke gleich zu hätte. Wie nett, das ist meine Rettung.

Wieder daheim bereite ich mir meinen klassischen Eintopf *Mediterrané*: Zwiebeln, Knoblauch und Rosmarin werden in Olivenöl angedünstet, erst klein geschnittene Kartoffeln, dann Tomaten hinzugeben, mit Gemüsebrühe auffüllen und gar köcheln, mit Salz, Pfeffer und einem Schuss Soja-Sauce abschmecken und mit frisch gehacktem Basilikum servieren. Schmeckt gut, ist sehr nahrhaft und ganz einfach in nur einem Topf zuzubereiten, hat wenig Kalorien und kostet nicht viel.
Am Abend sitze ich vor meinem Zimmer und bewundere einen weiteren einzigartigen Sonnenuntergang im Meer. Zur anderen Seite hin erstrahlen die kargen Höhen des *Monte Grossu* als letztes in orangem Licht, während wir hier am Strand schon im Schatten versinken. Dann gehen die Lichter von *Algajola* an und spiegeln sich im Wasser: hell orange von den kugeligen Straßenlaternen, blau von der Leuchtschrift

des *Hotel de la Plage* und pink vom *Beau Rivage*. Darüber spannt sich ein Himmel mit tausenden von Sternen und wie jedes Jahr steht der große Wagen direkt über mir. Der Mond kommt hinter den Bergen hervor und in den Hügeln ringsum reihen sich die Lichter der Dörfchen wie an einer Weihnachtskette auf, ein unglaubliches Panorama.

Es ist still, nur die Wellen rollen sanft an den Strand, manchmal weht die Musik von der Strandbude *La Siesta* herüber. Noch lange sitze ich da und staune, dann gehe ich müde schlafen.

Am Strand der Nackten

Heute will ich endlich zu meinem Lieblingsstrand gehen. Er liegt am Ende der Bucht, dort wo gewaltige, erodierte Felsformationen aus Granit ins Wasser ragen und herumliegende Felsbrocken die phantastischsten Formen präsentieren. Sie sind stumme Zeugen der Eiszeit, als im Quartär vor 1,5 Millionen Jahren Gletscher die Täler und Bergketten eindrucksvoll zum heutigen Gebirgsmassiv modellierten und dabei viel Geröll vor sich her schoben. Je nach ihren mineralischen Zusätzen von Feldspat, Quarz und Porphyr schimmern sie grün, ocker, weiß oder rötlich. Die zum Teil alkalischen Beimischungen kreieren bei der Verwitterung die seltsamen Dellen und Höhlungen.

Das korsische Gebirgsmassiv ist so alt wie die Alpen, nämlich 2,5 bis 60 Millionen Jahre, als im Tertiär sich das alpine Gebirge auffaltete und dieser Teil sich vom Festland löste. Ein winziger Teil der Alpen im Mittelmeer - das ist Korsika. Hier in der *Balagne,* dem ehemaligen Garten Korsikas, an der zerklüfteten Westküste, jenseits der Karstlandschaft *Désert* des Agriates, gibt der rötliche Porphyr-Granit sein vulkanisches

Erbe preis.

Der Weg dahin führt am Strand entlang, von der Spur des Bähnchens begleitet, die sich weiter hinten in den Dünen verliert, vorbei an den Strandbuden mit ihren einladenden Terrassen, die jetzt am Morgen noch ziemlich verschlafen in der Sonne liegen, bis hin zu der Stelle, wo ein kleiner Bach aus den Bergen kommend den Weg kreuzt. Er schlängelt sich weiter durch eine Ansiedlung von *Tamarisken*, einer kleinen, aber zähen Baumart, deren viel verzweigte Äste und gespinstartige Blätter hervorragend dem rauen Klima angepasst sind, welches hier häufig an der Westküste herrscht. Wenig später mündet er ins Meer oder versickert bei geringem Wasserstand vorher im Sand. In sehr trockenen Sommern versiegt er auch manchmal ganz, aber auch das überstehen die *Tamarisken*. Sie speichern das Wasser des Bächleins und bewahren es durch ihren Schatten meistens vor dem Austrocknen – auch hier kommt das Prinzip der Natur: „Geben und Nehmen" erneut wunderbar zum Einsatz. Ganz nebenbei bieten sie auch noch angenehmen Schatten für die Touristen, die sich gerne unter ihnen am Rand des Strands einrichten.

Hier beginnt der Strandabschnitt der Kommune *Corbara*, einem schönen Dorf oberhalb auf dem nächsten Berg gelegen, und hier beginnt auch das unerklärte Paradies der Nackten, also der FKK-Anhänger oder auch *Nudisten* genannt. Ganz inoffiziell, denn eigentlich besagen nur ein paar Schilder, dass hier ein Naturschutzgebiet anfängt und dieses unbedingt sauber zu halten ist. Doch ohne irgendeine Ernennung oder Ausweisung lebt dieser Teil des Strandes schon lange sein ungezügeltes Dasein, allein aus Tradition heraus. Schon vor dreißig Jahren frönten hier nackte Menschen dem Sonnen- und Meerbaden, wie alt eingesessene Korsika-Urlauber berichten können. Das Komische daran ist, dass sowohl links als auch rechts von diesem besonderen Abschnitt die „normalen" Badegäste liegen, ohne dass eine Aufteilung zu erkennen wäre. Die Grenzen sind imaginär und fließend, und selbst innerhalb einer Familie oder Gruppe gibt es die unterschiedlichsten Kategorien: von züchtig bekleidet, über oben ohne, bis hin zu ganz ohne. Keinen Menschen scheint dies wirklich zu stören oder zu beeinträchtigen, aber es gibt auch die Spanner und die Moralapostel, wovon Letztere weit aus mehr das freie Badeleben beeinträchtigen, da sie sich in letzter Zeit schon mal öfters beim Bürgermeister von *Corbara* beschweren.

Dieser schickt dann zwei Polizisten los, die mit ihrem schönen blauen Auto weithin sichtbar den Strandweg herauf gefahren kommen und alle Nackten dazu veranlassen, hastig nach ihren Badehosen zu kramen. Denn nur oben ohne ist hier offiziell erlaubt und auch üblich, was ich wiederum emanzipierter finde als bei uns zu Hause, wo dieses immer noch verpönt oder sogar verboten ist. Gleiches Recht für alle! Schließlich haben manche Männer mehr Brust als ich.

Und wie angenehm ist es doch, sich so wie von Gott geschaffen in den Wellen zu aalen und anschließend in der Sonne zu trocknen ohne irgendein nasses, kaltes, einengendes Teil auf der Haut oder umständliche Umkleideaktionen. Entspannung und Freizügigkeit für Körper und Seele holen sich hier Alte wie Junge, Dicke wie Dünne und die Passanten dürfen sich in Toleranz üben.

Dank einiger Unwetter, die sich vor kurzem in den Bergen entladen hatten, plätschert heute das Bächlein munter dahin. Sein Wasser ist glasklar über dem Untergrund von Steinen und Sand und bildet je nach Verlauf kleine Badebecken, wo sich winzige Fischkinder tummeln. Nach einem erfrischenden Bad im Meer komme ich hierhin zurück, um mir in dem weichen Wasser das Salz abzuspülen. Dann lege ich mich in den Schatten der *Tamarisken* und schaue dem geschäftigen Treiben der Meisen in den Zweigen über mir zu. Ihr Gezwitscher wird vom leisen Murmeln des Baches untermalt, ach ist das schön.

Was Carla jetzt wohl macht? Jedes Mal, wenn ich anrufe, scheint es ein anderes Problem zu geben: mal waren die Abflussrohre im Keller undicht und alles überschwemmt, dann der Strom ausgefallen und der Kühlschrank abgetaut, die Arme. Alles Sachen, die in unserer Mietwohnung normalerweise nicht vorkommen. Mehr als gute Ratschläge aus der Ferne kann ich zurzeit leider nicht geben, aber ihr Freund steht ihr zur Seite und auch die Oma kümmert sich mit. Ansonsten ist Carla wohl ganz froh, endlich einmal freie Bahn zu haben. Meine Bedingung war nur, dass alles sauber und ordentlich ist, wenn ich heimkomme. Schau'n wir mal. Auf jeden Fall wollen sie mich auch wieder vom Flughafen abholen, hingebracht hatten sie mich schon.

So langsam meldet sich mein Magen, deshalb breche ich auf zum A *Rotta*, der letzten und besten Bude an diesem Strand. Bude ist für diese Lokalitäten eigentlich stark untertrieben, da sie fast alle eine gute Restauration besitzen und sowohl drinnen als auch draußen genügend Sitzplätze für ihre Besucher bieten. Zum A *Rotta* kommt man entweder vom Strand her an den ersten Felsen vorbei oder über den Weg, den das Bächlein kreuzt. Trägt es viel Wasser, zieht man sich eben die Schuhe aus. Hier in den Dünen beginnt auch das Weidegebiet der mageren Schafherden. Mager deshalb, da es ringsum nur eine dürre und spärliche Vegetation gibt. Am Ende des Weges liegt das A *Rotta* versteckt hinter dem hohen Schilf eines kleinen Feuchtbiotops. Über einen mit wildem Wein umrankten Steg gelangt man wie durch ein Tor zum Paradies auf die Terrasse. Sie ist mit Schilf überdacht und bietet so angenehmen Schatten in der Mittagshitze. Von hier geht der Blick ungetrübt aufs Meer und die Felsen hinaus oder in die grüne Hügellandschaft mit den dahinter liegenden hohen Bergen.

Es gibt vorzügliches mediterranes Essen mit viel Fisch und Salaten, alles in der angrenzenden Küche frisch zubereitet und zu annehmbaren Preisen. Dementsprechend ist hier mittags meistens viel los. Trotzdem wird nicht auf einen schnellen Verzehr gedrängt, wie übrigens in fast keinem französischen Lokal, da dies die Höflichkeit verbietet. Alao bestelle ich mir *moules du chef* und ein Viertel Weißwein mit einer kleinen Karaffe Wasser. Das normale Wasser aus der Leitung bekommt man hier überall auf Wunsch gratis dazu, was auf Dauer viel Geld spart. Die Muscheln sind frisch aus dem Meer und werden in einem Kräutersud gekocht, mit *crème fraîche* abgerundet und mit fein gehackter Petersilie serviert. Dazu gibt es ein Schälchen mit *frites* und *Baguette*, um die leckere Soße aufzunehmen.

Der Weißwein ist trocken und gut gekühlt, zufrieden schaue ich mich um. Gibt es hier vielleicht noch etwas anderes zu bewundern als diese herrliche Aussicht? Ein Mann zum Beispiel, der genauso wie ich alleine an einem Tisch sitzt und seinen Gedanken nachhängt? Vom aufopfernden Familienvater mit vier Kindern bis hin zum extravaganten Schwulenpärchen gibt es hier alles, alles nur keinen allein stehenden Mann, der in Frage käme. Irgendwie scheine ich ein außerirdisches Wesen zu sein, welches auf diesem Planeten vergeblich seinesgleichen sucht. Selbst der Klopfkäfer, der einsam in der Wüste lebt und die teilweise weit entfernte Artgenossin mittels Klopfsignalen auf den harten Boden anlockt, hat wohl mehr Erfolg als ich.

Der Duft der Maccia

Bisher halte ich mein morgendliches Fitnessprogramm brav durch, ich bin mal gespannt, wie das zu Hause wird. Von meinen internationalen Nachbarn hat sich noch keiner zum Mitmachen gefunden. Die meisten schlafen lieber lange und sitzen dann zusammen beim Frühstück. Danach geht es fünf Meter weiter mit dem Sonnenschirm an den Strand oder mit dem Auto zu einem Ausflug an einen der unzähligen sehenswerten Plätze dieser Insel. Ich bin nicht neidisch, da man mit dem Bähnchen oder zu Fuß auch einiges erreichen kann, wie den nächsten Fischladen zum Beispiel.
Er liegt an der *Route Nationale*, der *N197*, von *Algajola* Richtung *Ile Rousse* und ist zu Fuß am besten über den Strandweg zu erreichen. Wo der Bach den Weg kreuzt, lasse ich den Strand und die *Tamarisken* links liegen, überquere das Bahngleis und gehe rechts den Weg zur Straße hin. Er führt an den Schafweiden vorbei durch die berühmte *Maccia*, ein niedriger Pflanzenbewuchs aus Rosmarin, Thymian, Lavendel, Myrte und anderen Kräutern, deren Duft sich harmonisch mit dem des

Schaf- und Ziegendungs vereint. Brombeergebüsch, Olivenbäume und Zwergeichen säumen meinen Weg, manche leicht angekohlt noch vom letzten Brand.

An einem pyramidenähnlichen Stein zweigt ein kleiner Pfad zu dem *Monolith de Corbara* ab. Ein riesengroßer säulenartiger Stein aus grünlichem Granit, gehauen 1828 in einem ehemaligen Steinbruch, zeugt von früherer Steinmetz-Kunst. Er sollte einmal nach Ajaccio geschafft werden, um dort eine überdimensionale Büste von Napoleon Bonaparte zu tragen, was sich aber aufgrund seiner Ausmaße und seines Gewichts als unmögliches Unterfangen herausstellte. So liegt er denn immer noch fast vollendet inmitten der Wildnis, so als hätte ein Riese sein Spielzeug verloren, und ruft bei jedem Besucher ungläubiges Staunen ob der gewaltigen Kräfte hervor, die für seine Erstellung wohl notwendig waren.

Aber es gibt auch kleine alte Schäferhütten, so genannte Bergeries, deren aus lose zusammengefügten Steinen erbauten Wände manchmal eher an einen von Gestrüpp überwucherten Steinhaufen erinnern.

Hier sagen sich Fuchs und Hase noch Gute Nacht. Kaninchen huschen bei meinem Kommen schnell davon, Nebelkrähen suchen mit Gekrächze das Weite und mein Gehen wird begleitet vom Rascheln der Eidechsen, die hurtig ihren Sonnenplatz verlassen und ins Gebüsch flüchten. Ich finde sie süß, weil sie so klein und harmlos sind, besonders gefällt mir die Smaragdeidechse in ihrem grün schimmernden Kleid. Obwohl – wenn ich mir vorstelle, wie sie zwei Meter größer auf mich wirken würde, fällt mir der Komodowaran ein und ich würde nicht mehr hierher gehen.

So aber erreiche ich frohgemut die Straße, wende mich nach links und lege das letzte Stück bis zur poissonnerie auf der Seitenspur der viel befahrenen *N 197* zurück, nicht gerade ein Vergnügen. Dafür entschädigt einen aber dann ein ausgesprochen gutes Angebot an frischem Meergetier. In sauberen Bassins warten Hummer, Riesengarnelen und riesengroße Meerspinnen auf ihre Kundschaft. Ich frage mich, wer so etwas kauft und wende mich der ominösen Fischtheke zu. Auf viel Eis werden hier alle möglichen Arten von Fischen präsentiert: große lange mit einem Haigebiss, runde rosafarbene mit kugeligen Augen, kleine silberfarbige und viele Filetstücke, Tintenfisch, Muscheln, Austern und kleine Garnelen, so genannte *crevettes*.

Ich bin wieder einmal überwältigt und schaue unschlüssig hoch in das freundliche

Gesicht des Mannes, der hinter dieser ganzen Pracht auf meine Entscheidung wartet. Er scheint neu hier zu sein, denn bisher kenne ich nur seinen Kollegen, der gerade andere Kundschaft bedient. Er ist groß und kräftig, hat dunkle kurze Haare und ein nettes schüchterndes Lächeln. Jetzt bin ich völlig verwirrt, lasse mir umständlich diverse Fischarten erklären und verstehe so gut wie kein Wort. Mein kleines Wörterbuch hilft mir hier auch nicht weiter und meine Französischkenntnisse sind trotz der zahlreichen Aufenthalte immer noch sehr beschränkt. Worauf es mir hier ankommt ist der Geschmack und ein möglichst grätenfreies Innenleben und natürlich der Preis.

Schließlich nehme ich ein *filet de perche*, also Barsch, angeblich mit wenig Gräten, und sechs *crevettes*. Ich bezahle sechs Euro, was ich nicht teuer finde, und packe meine Sachen ein. Eigentlich könnte ich doch noch ein Foto von dem netten Fischhändler und der malerischen Auslage machen. Ich krame meinen Fotoapparat heraus und frage ihn, ob ich ein Foto machen darf. Verdutzt bejaht er und postiert sich verlegen lächelnd hinter der Theke. Ich drücke ab und bedanke mich vielmals, er bedankt sich ebenfalls. Er scheint sehr nett zu sein, wie alt er wohl sein

mag? Bestimmt jünger als ich und bestimmt hat er eine nette kleine Familie. Oder doch nicht und ich hätte mir die verschiedenen Fische noch länger erklären lassen sollen?
Ach Quatsch, im Hinblick auf das gute Essen mache ich mich nun auf den Heimweg. Wieder rauschen die Autos auf der *N 197* an mir vorbei, und wieder brennt die Sonne auf mein Haupt. Dieses Mal gehe ich nicht durch die Macchia am Strand zurück, sondern weiter entlang der Straße zu dem kleinen Supermarkt vom *Camping de la Plage*. Hier kaufe ich noch Reis, Tomaten, Zitronen, Avocado, Oliven, Wein und Chips. Ich liebe die französischen Chips, sie sind dünn, zart und knusprig, leicht gesalzen und sonst nichts.

Zu Hause angekommen erfrische ich mich erst mit einem Bad im Meer, dann bereite ich hungrig mein Essen: in Gemüsebrühe gedünsteter Basmatireis mit klein gehackten Tomaten und Basilikum, dazu Filet vom Barsch in Olivenöl mit Knoblauch und Rosmarin gebraten und auf Zitronenscheiben serviert. Zum Abschluss gibt es etwas von dem *bannette cereale*, der hiesigen Antwort auf das deutsche Körnerbrot, mit einem Stück von dem wunderbaren Schafskäse.

Besuch von Gudrun

Heute Morgen ist Zimmerputz inklusive Wäschewechsel angesagt nach einer Woche Aufenthalt; wie schnell doch die Zeit vergeht, vor allem die schöne. Normalerweise wird dies ebenso wie auch die alltägliche Reinigung von dem Personal des *L' Escale* erledigt, alles im Preis inbegriffen, aber dank meiner anerzogenen Gründlichkeit mache ich dieses doch lieber selber, denn meine Lappen sind neu, das Putzwasser heiß und sauber, mit mitgebrachter Neutralseife leicht geschäumt.

Am Abend würde ich meine alte Schulfreundin Gudrun vom Bus abholen, sie hat dann eine lange Reise von Bremen mit dem Zug bis nach Frankfurt, weiter mit dem Flieger nach *Calvi* und von dort mit dem Bus nach *Algajola* hinter sich und kommt mich für eine Woche besuchen.

Zu ihrer Begrüßung bereite ich eine tolle kalte Platte vor: korsischen Schinken und Schafskäse, Tomate und Avocado mit Basilikum unter Olivenöl-Zitronendressing und die *crevettes*, die ich zuvor mit Knoblauch und Rosmarin in Olivenöl gebraten hatte. Dazu gibt es das obligatorische Brot, Wasser und den gut

gekühlten korsischen Rotwein. Wenn das kein guten Empfang ist!
Gudrun ist nach der anstrengenden Reise zwar ziemlich erschöpft, aber bei einem phänomenalen Sonnenuntergang, begleitet von dem gleichmäßigen kraftvollen Rauschen der Wellen, sitzen wir noch lange unter dem Sternenhimmel, essen und trinken und erzählen, bis dass wir endlich Schlafen gehen.

Nach einem kleinen Frühstück aus korsischen Zitronenplätzchen und *café au lait* fahren wir am nächsten Morgen mit dem feurigen Elias entlang der Küste nach *Ile Rousse*. Glücklicherweise streikt heute niemand, und so erreichen wir unter Pusten und Schnauben bisweilen schnelle Fahrt, so weit es der alte Dieselmotor zulässt. Potentielle störende Passanten werden an den markanten Stellen immer wieder durch kräftiges Hupsignal verscheucht.
Im Takt der Breitspurbahn lassen wir uns hin und her schunkeln wie bei einer Karnevalssitzung in Köln. Es geht an schwindelnden Klippen, schroffen Felsen und mit *Macchia* überwucherten Hügeln vorbei, bis wir uns durch den rötlichen Granit zur *Isola Rossa,* also rote Insel, wie es auf korsisch heißt, durchgearbeitet haben.

Sie wurde im 18. Jahrhundert als Stützpunkt gegen Genua gebildet und bietet neben dem Fährhafen, einem schönen Strand und einem großen von Platanen beschatteten Platz vor einer großen Kirche eine bezaubernde Altstadt mit malerischen Häusern, engen Gassen und einer weiteren schlichten kleinen Kirche. Durch ihre geöffnete Tür fallen die Sonnenstrahlen auf das Muster der Steinfliesen und tauchen den Raum mit seinen bunten Glasfenstern in ein besonderes Licht. Er ist nicht so überladen wie in anderen katholischen Kirchen und die wenigen Heiligen strahlen Ruhe und Wohlgesonnenheit aus. Hier komme ich jedes Mal vorbei, wenn ich in *Ile Rousse* bin, bete zu meinem Schöpfer und danke ihm mit zwei Kerzen, eine für mich und eine für meine Tochter.

Viele kleine bunte Läden gibt es hier, bis dass wir zu dem kleinen Marktplatz kommen, der direkt oberhalb des *Place Pasquale Paoli* zwischen zwei viel besuchten Gassen liegt. Er hat ein Dach aus Stein mit einer Holzverstrebung, welches von mächtigen steinernen Säulen getragen wird. Die Verkaufstische und Bänke sind ebenso aus Stein, alles scheint für die Ewigkeit gebaut. Hier bieten die Markthändler ihre Waren an:

frischen Fisch und alles, was das Meer zu bieten hat, korsische Wurst- und Käsespezialitäten, heimisches Obst und Gemüse sowie Wein, Honig und Backwaren.

Ein reges Treiben herrscht hier. Wir setzen uns am Rand vor ein kleines Restaurant und bestellen zwei *Pastis*. Zu dem Anisschnaps auf Eis wird üblicherweise eine Karaffe Wasser zum Verdünnen gereicht, hier bekommen wir noch ein Schälchen mit in Öl eingelegten schwarzen Oliven dazu. Wie schön, wohlgemut prosten wir uns zu und bestellen zwei Mal das Tagesgericht: Mit Kräutern der *Maccia* gegrillte Lammkoteletts auf Salat mit gebackenen Kartoffeln.

Am Nebentisch sitzen zwei Männer, Vater und Sohn, wie der Jüngere zu erkennen gibt. Der Ältere noch sehr rüstig mit charmantem Lächeln, der Sohn fleißig um Konversation bemüht. Kaum haben wir unsere Karaffe Wein ausgetrunken, bringt der Wirt mit breitem Grinsen schon die nächste mit dem Hinweis, dass diese von den netten Herren am Nachbartisch geordert wäre. Mir kommt es so vor, als wenn der Vater seinen Sohn noch schnell an eine betuchte Touristin verkuppeln will, aber sie sind wirklich sehr nett und wir bedanken uns vielmals. So schlecht sieht der Sohn gar nicht aus, aber irgendwie ist er zu klein und ein wenig zu schmächtig, so kommt es mir vor. Vorsichtig lächelnd prosten wir ihnen zu und wenden uns dann wieder unseren Gesprächen zu, so leicht sind wir nun auch wieder nicht zu haben.

Es lebe der Fußball

Die Woche geht schnell herum und ist viel zu kurz, um meiner Freundin alles zu zeigen. Eines Abends sitzen wir vor dem *Chariot* und wollen die köstliche s*oupe de poissons* essen, eine Fischsuppe, für die verschiedene Fische, was man gerade so hat, in einem Kräutersud gekocht werden. Die Suppe wird dann passiert und mit geröstetem Brot, Knoblauch, scharfer Chili-Mayonnaise und geriebenem Käse gereicht. Das Brot wird mit Knoblauch eingerieben und auf den Teller gelegt, darauf kommt der Käse und die Mayonnaise und zum Schluss die Suppe obendrauf. Sie gibt Saft und Kraft, wann immer man es braucht.

Zurzeit läuft die Fußball EM 2004. Von den voll besetzten Tischen draußen unter den Platanen ist das Spiel gut zu verfolgen, da ein großer Fernseher direkt vor dem Eingang auf einem Tisch platziert ist. Von Zeit zu Zeit ertönt ein Hurra- oder Wehgeschrei, je nach Zugehörigkeit. Uns stört das nicht weiter, da wir in unseren Gesprächen und dem Genuss der Fischsuppe vertieft sind, bis dass Gudrun mich auf einmal auf einen besonderen Umstand hinweist. Auf den Kartons, auf

denen der Fernseher aufgebaut ist, steht in großen Lettern mit schwarzem Filzstift etwas geschrieben:
„*Joseph, 39 ans, célibataire, cherche une femme. Renseignements au bar.*"
Was so viel heißt wie: „*Joseph, 39 Jahre, allein stehend, sucht eine Frau. Auskunft an der Bar.*"
Ich bekomme einen Lachanfall ob dieser wunderbar einfachen aber wirkungsvollen Anzeige und kläre Gudrun auf. Joseph ist der meines Wissens nach einzig verbliebende Junggeselle *Algajolas* und der Sohn von Marie, der den Krämerladen mehr schlecht als recht über Wasser hält und deshalb in letzter Zeit öfters im *Chariot* aushilft. François hatte in früheren Zeiten schon öfters spaßeshalber versucht, mich mit ihm zu verkuppeln, was aber bisher an seiner wortkargen, abweisenden Art und meinen hohen Ansprüchen gescheitert war.
Obwohl der Typ ja eigentlich gar nicht so schlecht ist, überlege ich mir, nur ein bisschen zu jung, ein wenig zu klein und sein Bauch eine Spur zu dick. Auch könnte er etwas mehr Wert auf sein Äußeres legen, die Badelatschen zum Beispiel, in denen er hier herumschlurft, stammen wahrscheinlich aus einem Sonderangebot des Supermarktes aus seinem Eröffnungsjahr. Aber man muss auch

Abstriche machen können, schließlich bin ich keine zwanzig mehr, Kleidergröße 38 ist passé und ohne Brille sehe ich sowieso keine Feinheiten mehr. Doch ich warte ja auf den „Richtigen". Meine Liebe ist wie ein Samenkorn in der Erde: Es liegt lange im Dunklen und nur unter passenden Bedingungen beginnt es zu sprießen.

Hier hat sich wohl jemand ganz offensichtlich einen dollen Scherz erlaubt, denn immerhin schaut der halbe Ort die nächste Zeit auf diesen Fernseher. Oder fällt es vielleicht doch keinem sonst auf, außer uns? Eigentlich kaum zu glauben – wir schauen uns um – alles starrt gebannt auf den Fernseher, aber keiner scheint den Spruch darunter zu bemerken. Wir amüsieren uns jedenfalls prächtig. Ein guter Witz von, … ja von wem nur? Ich kann mir nicht vorstellen, dass Joseph das selber geschrieben hat.
Als Antoine, der Sohn von François, wieder an unserem Tisch vorbei kommt, frage ich nach. Er grinst nur breit und gibt irgendetwas Unverständliches von sich. Sehr komisch, das wird ja immer interessanter. Während des Essens fällt unser Blick immer wieder auf die Anzeige unter dem Fernseher und führt unweigerlich zu spontanen

pubertären Heiterkeitsausbrüchen, was unsere Nachbarn, die im Bann des Fußballspiels stehen, mittlerweile leicht irritiert.
Später beim Bezahlen an der Bar frage ich noch einmal bei François nach, wie es ja schließlich in der Anzeige angegeben ist, um welchen Joseph es sich handele und auf wessen Mist das gewachsen sei. François poliert seine Gläser und zeigt schmunzelnd auf seine Aushilfe, die gerade durch die Tür kommt und sich dann an einem Tisch alleine draußen niederlässt.
Okay, ich will es wissen und gehe zu ihm hin. Ob er die Anzeige unter dem Fernseher schon einmal gesehen hätte und was er denn dazu sagen würde. Joseph grummelt was vor sich hin und scheint nicht sonderlich erbaut.

Zwei Tage später sind wir wieder vorm *Chariot* und essen eine Pizza. Ihr dünner, knuspriger Boden ist an den Rändern manchmal ein ganz kleines bisschen verkohlt, wenn die Glut den Ofen zu heiß werden lässt. Aber dafür gibt es ja das scharfe Öl (in Olivenöl eingelegte Kräuter und Chilischoten) in den Flaschen, welches man über die Pizza träufelt. Es läuft gerade ein EM-Spiel, beiläufig schauen wir zum Fernseher. Der steht immer noch auf den

Kartons, und die Schriftzüge sind auch immer noch da, was ich nicht erwartet hätte. Nur sind sie etwas abgeändert. Mit krakeliger Schrift sind ein paar Worte oben darüber eingefügt worden. Ach, wie aufregend! Doch selbst mit Brille können wir sie nicht entziffern, da muss man schon näher ran gehen. Und so mache ich mich ganz unauffällig auf in Richtung Toilette, verharre kurz vor dem Fernseher und lese Folgendes, in Deutsch übersetzt:
„Joseph, 39 Jahre, (verzweifelt) allein stehend, sucht (immer noch) eine Frau, (groß und blond), Auskunft an der Bar."
Nein wie lustig, damit konnte eigentlich nur ich gemeint sein! Auf dem Rückweg von der Toilette gehe ich bei François an der Theke vorbei und versuche nochmals, etwas über den Verfasser dieser seltsamen Anzeige zu erfahren. François tut wieder geheimnisvoll, und sein Sohn Antoine und die anderen Kellner lächeln nur süffisant. Schließlich gibt sich François selbst als der Übeltäter aus, ob ich das glauben soll? Joseph sitzt jedenfalls ganz cool vor dem Fernseher und zuckt mit keiner Wimper. Und Gudrun und ich haben unseren Spaß, und die anderen Gäste scheinen wieder nichts zu bemerken.

Die Messe

Ich sitze in der kleinen, natürlich katholischen Kirche von *Algajola* in der hintersten Reihe auf dem letzten Platz. Meine Freundin Gudrun ist wieder nach Hause gefahren. Es ist Sonntagmorgen halb zehn, und ich habe es gerade noch rechtzeitig geschafft. Dafür habe ich mir aber auch zum ersten Mal in diesem Urlaub den Wecker gestellt. Die Glocke im Kirchturm verhallt und die Messe beginnt, da strömen immer noch Leute durch die offene Kirchentür. Sie ist aus schwerem massivem Holz und von außen in einem starken Grün gestrichen, passend zu dem neuen sandfarbenen Anstrich. Innen jedoch wirkt die Kirche mit ihren weiß getünchten Wänden und den dunklen getäfelten Bildern eher verhalten. Es gibt eine kleine hölzerne Kanzel, ein paar Heiligenfiguren stehen auf marmornen Sockeln: der Joseph, die Mutter Maria mit dem Jesuskind, ein Hirte mit seinem Schaf, ein Jäger und die heilige Rita. Der Altar in hellem Marmor hat vorne zwei Aufbauten und trägt Jesus an seinem Kreuz. Die weiße Decke, an der schon wieder erste bräunliche Stockflecken durchschimmern, wird nur geschmückt von einer einfachen

schönen Lampenkonstruktion und endet in einer hölzernen Apsis über dem Eingang. Als Folge früherer Eroberungszüge und Überfälle von Sarazenen und Barbaresken, berüchtigte Seeräuber aus dem Maghreb, gibt es nur ganz kleine Fenster kurz unterhalb der Decke. Für katholische Verhältnisse also ein sehr schlichtes, bescheidenes Gotteshaus. Hier kann man sich sicher und entspannt fühlen.
Irgendwann ist auch der letzte Platz besetzt, so dass die Gläubigen sich im Eingang und draußen vor der Tür scharen. Ich staune über diesen immensen Zulauf, kein Vergleich zu unseren Gottesdiensten daheim. Hier kommt wieder einmal zum tragen, dass Algajola in der Saison das Hundertfache seiner Bewohner zu versorgen hat und dies wohl auch, so scheint es, in religiöser Hinsicht. Aber auch diese Aufgabe wird souverän gemeistert. Trotz ständigem Geraschel und Gemurmel und dem Gequengel der Kleinkinder lässt sich der sympathisch aussehende, etwas kleine und noch ziemlich jung wirkende Prêtre in seinem grün-weißem Gewand nicht bei seiner Predigt stören. Mich stört es auch nicht, denn ich als Ausländer und Protestant verstehe sowieso kein Wort. Endlich sind alle da und der Gottesdienst nimmt seinen

Lauf. Mal wird gesprochen, mal gesungen, entweder in Französisch oder Latein, mal nur vom *Prêtre*, mal von der ganzen Gemeinde, auch einige Fürbitten kommen zu Wort. Von Zeit zu Zeit wird aufgestanden, dann wieder gesetzt, manche knien zwischendurch auf dem Boden, einige sogar den ganzen Gottesdienst.

Ich brauche nichts anderes zu tun als der Allgemeinheit zu folgen: aufstehen, setzen, aufstehen, setzen und habe derweil genügend Muße für meine eigenen Gedanken und die Betrachtung der anderen. Angeblich soll es ja in der Kirche die besten Männer geben: ruhig, solide, ehrlich und zuverlässig. Nicht dass ich deswegen gekommen wäre, aber dennoch begutachte ich die bunt gemischte Schar aller Altersklassen in leichter Sommerkleidung mit Kind und Kegel. Viele Franzosen und Italiener, die meisten brave Familienväter, ich kann beim besten Willen keinen geeigneten Mann entdecken. So halte ich Zwiesprache mit meinem Schöpfer so gut es geht bei dem Auf und Ab und warte auf das Ende der Messe. Nach dem Segen wird das Abendmahl gegeben, eine lange Schlange reiht sich in dem Gang vor dem Altar. Das kann dauern; ich beschließe, mir derweil draußen die

Beine zu vertreten, denn ich möchte zum Gottesdienstende auch noch kurz dem *Prêtre* die Hand reichen.

Draußen empfängt mich frische Luft und das gleißende Licht der mediterranen Vormittagssonne. Ah, tut das gut! Ich wende mich in Richtung Zitadelle, eine von vielen alten Festungen und Türmen, die von den Genuesen während ihrer Herrschaft ab Ende des 13. Jahrhunderts auf Korsika erbaut worden waren. Sie ruht auf einem mächtigen Felsen aus Granit und ist aus dem gleichen scheint's für die Ewigkeit gebaut. Unter ihr glitzert das tiefblaue Meer in den Sonnenstrahlen und ein luftig blauer Himmel verliert sich am Horizont. Ach was ist das doch schön, und wie schön wäre es erst, hier bleiben zu können! Wieder einmal überlege ich die verschiedenen Optionen und wieder einmal komme ich zu dem Schluss, dass es alleine und ohne dauerhafte Einkünfte nicht geht.

Außerdem braucht mich doch auch noch meine Tochter zu Hause. Sie hat jetzt zwar schon länger einen Freund und will auswärts studieren, aber das tut meiner Mutterliebe und Fürsorge keinen Abbruch. Schließlich waren die letzten zwanzig Jahre die Bedürfnisse meines Kindes der Motor für mein Leben und unsere Liebe bildete das

Fundament. Dennoch sollte ich lernen, loszulassen, mich neu orientieren.

Als ich zurückkomme, verlässt der *Prêtre*, mittlerweile nur noch mit einer grauen Soutane bekleidet, gerade die Kirche und verabschiedet sich dabei von den wartenden Gläubigen. Auch mir drückt er mit freundlichem Lächeln die Hand und fragt, woher ich kommen würde. „Aus Deutschland, vom Rhein", erwidere ich. Ein aufmerksamer Blick streift mich. „Ich komme schon zwanzig Jahre hierhin und liebe Korsika sehr!"

Mit einem verständnisvollen Händedruck und aufmunterndem Lächeln entschwindet er zu seinem Auto, einem gepflegten Citroen 2 CV älteren Modells, der fast den gleichen Farbton hat wie seine Soutane und auf dem Kirchhof wartet; welch schönes Bild. Während er noch seine Sachen einlädt, mache ich ein Foto von ihm und seiner „Ente".

Eine alte Liebe

Nach einem Espresso im *Chariot* mache ich mich auf den Heimweg. Dabei komme ich wie immer am *U Napulione* vorbei, dort wo ich vor zwanzig Jahren mein Herz verloren hatte. Franca richtet gerade den Terrassenbereich für die ersten Gäste her. Freundlich wie immer begrüßt sie mich und fragt nach meinem Befinden. Während ich die entsprechenden Antworten aus dem Fundus meines französischen Wortschatzes klaube, wage ich einen verstohlenen Blick ins Innere des Lokals. Aber auch dieses Mal, genauso wie die vorherigen, lässt sich Jean draußen nicht blicken. Er scheint mittlerweile in seiner Küche voll aufzugehen, enttäuscht mache ich mich auf den Heimweg. Der führt an dem kleinen Strand unterhalb von *Algajola* vorbei, unter den Arkaden des *Hôtel de la Plage*. Hier liegen noch die Relikte der einstigen Fischerboote, und hier haben wir einstmals zusammen gesessen, Wein getrunken und aufs Meer geschaut. Als wir uns dann Jahre später einmal wieder sahen, war er sehr überrascht. Er wusste ja nicht, dass ich jedes Jahr hier Urlaub mache. Wir wechselten ein paar höfliche Worte, und ich dachte hinterher bei mir: Was ist er alt

geworden. Ich vermute, das gleiche wird er wohl auch von mir gedacht haben. Danach bin ich dann und wann schon mal mit Carla oder Freunden in sein Lokal gegangen, doch meistens bekam ich ihn nicht zu Gesicht, da er nur selten aus seiner Küche hervorkam, zumindest wenn ich da war. Manchmal gab er mir einen aus, bevor er umgehend wieder in die Küche verschwand.
Wieder im *L' Escale* mache ich mir mein Mittagessen: Tomaten und Avocado klein geschnitten mit gehacktem Basilikum, Zwiebelringen und grünen Oliven unter dem bewährten Dressing von Olivenöl, Zitrone, Knoblauch, Salz und Pfeffer. Dazu gibt es wieder Schinken, Käse, Brot, Wasser und Wein. Was will man mehr? Während ich unter dem Sonnenschirm sitze und esse, schaue ich aufs Meer und denke an die Zeit vor mehr als zwanzig Jahren zurück, als ich einst als Zimmermädchen in der deutschen Ferienanlage *Maristella* hier am Ort angefangen hatte.

Am nächsten Tag fasse ich all meinen Mut zusammen und gehe noch einmal zum *U Napulione*, nachdem ich eine Runde durchs Dorf gedreht und mir währenddessen Mut zugesprochen habe. Ein letzter Versuch. Ich setze mich draußen vor den Eingang und

bestelle bei Franca einen *café au lait*. Es ist nur noch ein Tisch besetzt mit drei Gästen, und die sind wohl Verwandtschaft, wie es scheint. Trotzdem taucht Jean nicht auf, man hört ihn nur manchmal in der Küche hantieren. Ich trinke meinen Kaffee, schaue versonnen auf die pink und rot blühenden Oleanderbüsche von gegenüber und frage mich, was ich hier eigentlich mache. Na gut, dann gehe ich eben mal hinein auf die Toilette, da könnte ich ihm vielleicht begegnen. Doch nichts, nur Franca ist hinter der Theke. Während ich bei ihr bezahle wage ich einen neuen Vorstoß.
„Und dein Vater fährt manchmal noch ins *Pubs*?" Das *Pubs* ist eine Diskothek in *Ile Rousse*, wo wir früher öfters waren.
„Hm, nein, ich glaube nicht. Wieso?"
„Ach ich dachte nur, dann hätte er mich ja mal mitnehmen können."
„Da fragst du ihn am besten selber."
„Ja wie denn, wann denn? Er hat ja nie Zeit."
„Am Abend, nach der Arbeit."
„Und wann ist das?"
„Ja so elf Uhr ungefähr."
Na prima, denke ich, da liege ich schon im Bett, schließlich bin ich keine zwanzig mehr. Außerdem könnte er ja jetzt auch mal fünf Minuten aus seiner Küche herauskommen, wenn er wollte. Ich bedanke mich und gehe,

wieder einmal ohne ihn überhaupt gesehen zu haben.

Am Nachmittag gehe ich nach einem ausgiebigen Bad hinten am Strand wieder zum Fischladen, um frischen Fisch zu kaufen. Denn meine netten französischen Nachbarn von gegenüber, die auch schon mehrere Jahre hierhin kommen, wollen heute Abend grillen und haben mir angeboten, dass ich auch etwas auflegen kann. Ich hatte bisher erst einmal den Grill angefeuert, bei Gudruns Besuch, denn für einen alleine lohnt es sich nicht. Auch in der *poissonnerie* wird meine Erwartung enttäuscht, der eine Verkäufer ist nicht da. Pech auf der ganzen Linie. Ich nehme ein *filet loup de mer,* also Seewolf, und ein paar *crevettes* für den nächsten Tag.
Den Seewolf wälze ich in einer Marinade aus Salz, Pfeffer, Zitronensaft und kleingehackter Petersilie und lege ihn in Alufolie eingewickelt auf den Grill. Somit bleibt nichts auf dem Rost kleben und er behält sein zartes saftiges Fleisch. Es dauert nicht lange und er ist schon fertig zusammen mit den Kartoffeln, die ich schon einige Zeit vorher in Alufolie eingewickelt ins Feuer gelegt hatte. Dazu gibt es noch grünen Salat. Für das Dressing zerdrücke ich eine Knoblauchzehe mit einer Prise Salz in etwas Olivenöl, füge

Zitronensaft und Joghurt hinzu und verquirle alles. Nur schade, dass ich dieses wunderbare Mahl wieder einmal alleine einnehme.

Dann sitze ich am Strand und schaue dem Sonnenuntergang zu. Was gibt es schöneres und wie gut es mir doch geht! Und trotzdem überkommt mich ein Anflug von Neid, wenn ich die glücklichen Liebespaare sehe, wie sie Arm in Arm am Strand einher wandeln. Eigentlich bin ich doch noch zu jung, um schon alleine zu bleiben! Nur wie kann ich das ändern, was mache ich falsch? Ja – ich glaube immer noch an die Liebe, trotz aller Erfahrungen, denn mein Vater war der beste, den man sich nur wünschen kann. Aber vielleicht ist das ja gerade mein Fehler: Zu hohe Ansprüche. Nur, wie reduziert man sie, ohne wieder den nächsten Fehlgriff zu tätigen? Und außerdem soll ja auch mein Herz sprechen, und das schweigt beharrlich. Doch auch bei den Männern scheint sich etwas verändert zu haben, wenn ich so überlege. Denn die bisher gewohnten Annäherungsversuche diverser Mannsbilder sind in der letzten Zeit eher zur Seltenheit geworden. Stattdessen geben sich die Männer reserviert, die Vergebenen genauso wie die Alleinstehenden, und gerade letztere

Exemplare üben sich sogar noch besonders in Zurückhaltung. Anscheinend haben sie es ja überhaupt nicht nötig, da warten wohl ganze Heerscharen von Frauen auf sie, zumindest bei den einigermaßen passablen Erscheinungen.
Während ich noch darüber grübele, ob diese Veränderung in meiner Person begründet ist oder einfach nur im Alter oder in der Gesellschaft oder in allem drei, werde ich müde. Es ist gerade erst zehn Uhr, also immer noch zu früh, um noch einmal ins *U Napulione* zu gehen. Ach was soll's, ist doch sowieso Blödsinn, da gehe ich lieber schlafen. In meinem Traum suche ich wie schon so oft den Weg nach Korsika. Es ist sehr schwierig, dort hinzukommen, und dann kann ich das *U Napulione* einfach nicht finden und schon muss ich auch wieder zurück nach Hause.

Schaumbad

Heute weht der Wind kräftig und hohe Wellen rollen an den Strand, was die Surfer und Wellenreiter auf den Plan bringt. Wegen guter Wind- und Strömungsverhältnisse und der Möglichkeit, mit dem Auto bis an den Strand zu fahren, kommen sie dann von überall her. Mit irrwitzigen Sprüngen flitzen die Surfer über das tosende Wasser weit hinaus von der Bucht, so dass ich mich frage, wie sie jemals wieder zurückkommen wollen.
Während ich vor meinem Zimmer sitze und meinen Kaffee schlürfe, verfolge ich ihre bunten Segel, bis dass ich sie aus den Augen verliere. Manchmal scheitert einer an einer Woge und fällt ins Wasser. Die Meister kommen sofort wieder hoch, doch andere treiben endlos in den Wellen, so kommt es mir vor, bis dass sie es schaffen. Was würden sie nur machen, wenn sie erfolglos blieben? Würde die Strandwacht auf ihrem Aussichtsturm ihn entdecken und ab wann würden sie einschreiten?
Auch die Ausdauer der Wellenreiter ist mir ein Rätsel, unermüdlich warten sie auf ihren Brettern in den Wogen auf die geeignete Welle, um dann auf ihr an den Strand zu

gleiten. Ihre Mühe wird meistens nur mit einem kurzen Ritt belohnt, dann rudern sie wieder aufs Neue hinaus, was mit dem Brett bei der Strömung nicht gerade einfach aussieht. Aber sie treten wenigstens im Pulk auf, so dass ein Untergehen nicht unbemerkt bleiben würde.

Ich beschließe, trotzdem hinten an den FKK-Strand zu gehen und packe meinen Rucksack. Auf dem Weg dahin werde ich vom Rückenwind fast geschoben, er bläst mir den Sand gegen die Beine und auch sonst überall hin. Zum Schutz setze ich meine Sonnenbrille auf und hänge mir mein Handtuch über. War vielleicht doch keine so gute Idee gewesen. Statt sonnengebräunt würde ich wohl eher „sandgestrahlt" werden, und ob baden möglich ist erscheint mir mittlerweile auch sehr fraglich.
Das bisher so liebliche Mittelmeer entpuppt sich mehr und mehr zu einer wilden, schäumenden Flut, die ihr Wasser mit kräftigen, weißen Schaumkronen weit hinauf auf den Sand wirft. Nur wenige Unerschrockene wagen sich noch in ihre Arme und der Strand ist fast leer. Aber es weht die orange Fahne vom Wachturm am mittleren Strandabschnitt, also ist nur Vorsicht geboten. Die rote würde

Schwimmverbot bedeuten, bei der grünen besteht keinerlei Gefahr.

Noch ein wenig unentschlossen suche ich ein einigermaßen windstilles Plätzchen, welches es heute aber nicht gibt. Ein paar Leute haben sich hinter ihren Sonnenschirmen verbarrikadiert, einige Wenige sind im Wasser. Zögernd ziehe ich mich aus, denn es ist ziemlich frisch, rolle alle meine Sachen inklusive Rucksack und Sandalen in das große Badelaken ein, damit sie nicht wegfliegen. Dann stehe ich da, nackt, leicht fröstelnd und winzig im Angesicht dieser Naturgewalten, während der Wind und das Brausen des Meeres in meinen Ohren rauschen, doch ich fühle mich stark und frei.

Mutig tauche ich ein in die brodelnde Gischt, nehme die nächste Welle von vorne und tauche unter ihr hindurch, da kommt schon die nächste, mal riesig bedrohlich, mal klein und gezähmt. Man muss gut aufpassen, sonst haut es einen schnell von den Füßen, und in dem Strudel von Wasser weiß man nicht mehr, wo oben oder unten ist, das habe ich im Laufe der Zeit gelernt. In den kleinen Wellen lasse ich mich treiben, auf und ab, die großen nehme ich im Tauchgang oder lasse mich von ihnen an den Strand tragen, wo sie sich brechen und in viele tausend Bläschen auflösen. Ein riesiges Schaumbad mit eingebautem Whirlpool, natürlichem Meeresalgenextrakt und sprudelndem Sauerstoff. Es ist wie ein Jungbrunnen, in dem ich liege, geschenkt von Mutter Natur. Und es ist gar nicht mehr kalt. Immer wieder werfe ich mich in die Wellen, achte aber darauf, in der Nähe von anderen Schwimmern zu bleiben, falls ich absaufen sollte. Doch dann habe ich genug, ich warte eine große Welle ab und lasse mich an den Strand werfen, wie ein Stück Treibgut, so kommt es mir vor.

Draußen bläst der Wind wieder kalt, schnell trockne ich mich ab und ziehe mich an. Meine Sachen sind alle noch da, mir ist hier noch nie etwas weggekommen. Allerdings behalte ich sie auch immer im Auge. Schwimmen macht hungrig, jetzt werde ich zu Hause erst einmal eine schöne Brotzeit halten. Auf dem Heimweg habe ich Gegenwind, er ist so stark, dass ich mich manchmal umdrehen muss und rückwärts gehe. Aber ich fühle mich so frisch wie am ersten Tag.

Meine Brotzeit muss ich dann doch drinnen in meinem Zimmer abhalten, nachdem es mir den Teller mit dem Tomatensalat vom Tisch gefegt hat, Draußen fegt der Wind den Strand während die Wogen „Großputz halten" halten.

Perle des Südens gesucht

Die Einheimischen sagen, dass der Wind hier entweder drei Tage oder sechs Tage, schlimmstenfalls neun Tage dauert. Na dann hoffen wir mal das erstere, denn mir ist ein ganzer Tag schon zu viel. Die Touristen hat es auch alle in ihre Unterkünfte verscheucht, am Abend ist der Strand leer und einsam. Meine Nachbarn haben sich entweder in ihre Zimmer verzogen oder sind weggefahren, nur ich sitze alleine da.
Ne, da gehe ich doch lieber ins *Chariot* einen Wein trinken. Im Dorf ist es auch ziemlich leer, aber ruhiger, da es im Windschatten von Berg und Zitadelle gebaut ist und die Häuser sich gegenseitig in den engen Gassen schützen. Vorm *Chariot* sind nur wenige Tische besetzt, drinnen an der Theke drängeln sich ein paar Gäste. An meinem Lieblingstisch direkt vor dem Eingang sitzt ein Mann in verwaschenem Jeanshemd und Shorts und liest den *Corse Matin*. Während er nur kurz aufschaut, setze ich mich an den anderen Tisch vor dem Eingang, bestelle ein Glas Rotwein und schaue mich um. Irgendwie herrscht heute Abend eine gespenstige Atmosphäre: Auf dem Boden und auf den Tischen tanzen die

heruntergerissenen Blätter der Platanen zum gewaltigen Rauschen ihrer Äste; Sand und Zweiglein wirbeln überall herum. Die stabile Markise über uns wackelt ebenso im Takt, hält aber Stand und bietet guten Schutz, hoffentlich! Über den Himmel jagen dunkle Wolken, nur ab und zu lugen die Sterne hindurch.

Unauffällig mustere ich mein Gegenüber, der immer noch in seine Zeitung vertieft ist und nur ab und zu an seinem Bier nippt. Er hat braunes, längeres Haar, das jetzt etwas wirr vom Kopf absteht, eine Lesebrille auf der Nase und **kein** Goldkettchen um. Das ist für mich ganz wichtig, sobald ich irgendwo ein Goldkettchen blitzen sehe, ist alles aus. Zugegebenermaßen ein schwieriger Punkt bei seinem Verbreitungsgrad, vor allem im südlichen Europa. Das gleiche gilt natürlich auch für Piercings und Tattoos. Der Mann ist leicht gebräunt und hat schöne Hände, was für mich *noch* wichtiger ist als **kein** Goldkettchen; seine Füße kann ich leider nicht sehen, da sie in ein Paar Mokassins stecken. Seine Erscheinung gefällt mir einerseits ganz gut, wirft andererseits aber auch die Frage auf, wie man bei diesem Wetter abends noch in Shorts daher kommen kann. Jedenfalls umgibt ihn ganz

klar das Flair eines Einheimischen: Originalität der Person, Lässigkeit im Auftreten und Ignoranz gegenüber Mode und Wetter.
Beim nächsten Bier-Nippen guckt er hoch und wirft mir einen Blick über den Brillenrand zu. Ich sehe in meerblaue Augen. Wir nicken und lächeln uns zu, dabei entblößt er eine Reihe weißer Zähne. Er sieht nicht nur gut aus, sondern scheint auch noch nett zu sein. Leicht verwirrt stehe ich auf und suche Zuflucht bei François und Antoine an der Theke, die gerade Gläser polieren. Besagter Joseph ist auch da, er räumt die fertigen Gläser in die Anrichte. Die zwei hinter der Theke lächeln hintergründig, als ich mich kurzzeitig neben Joseph an der Theke niederlasse, worauf dieser sich direkt mit ein paar Gläsern in Richtung Anrichte wieder auf den Weg macht. Er scheint wirklich sehr schüchtern zu sein.
Nach einem „Ça va?" zu François, was bedeutet: „Wie geht' s?" und einem „Ça va." als Antwort, was so viel heißt wie: „Es geht." (praktisch, nicht?), nehme ich wieder an meinem Tisch Platz.
Mein Nachbar ist mittlerweile mit der Zeitung fertig und legt sie beiseite.
„Entschuldigung, darf ich das *Magazin* einmal haben?", frage ich auf Französisch.

„Sie meinen wohl das *Journal*", erwidert er lächelnd, „ein *Magazin* ist eine Zeitschrift." und reicht mir die Zeitung rüber.
Oh ja, natürlich. Mensch, ist der pingelig! Ich bedanke mich und vertiefe mich in die bunten Bilder des *Corse Matin*. Um wenigstens die Überschriften lesen zu können, setzte ich mir dann doch meine Brille auf, schließlich stehe ich zu meinem Alter. Bei der Gelegenheit fällt mir meine Frisur ein, deren Sitz bei dem Wetter bestimmt dringend überprüft werden sollte. Als ich auf der Toilette gerade in den Spiegel schauen will, geht die Tür auf und der Typ kommt rein. Man muss dazu sagen, dass es hier nur zwei Toilettenkabinen für beide Geschlechter und einen gemeinsamen Waschraum gibt. Mit einem erschrockenen „Hallo" flüchte ich nach draußen und verschanze mich wieder hinter der Zeitung. Als mein Gegenüber wieder Platz nimmt, werfe ich ab und zu einen Blick zu ihm hin, der auch jedes Mal prompt erwidert wird.
Während ich noch überlege, dass er ja eigentlich eine Idee zu klein und eine Spur zu jung ist und wenn noch nicht vergeben, so dann bestimmt ein Frauenheld ist, steht er auf und geht rein bezahlen.
Nach einem kurzen Plausch mit François kommt er wieder raus an mir vorbei.

„Sie haben Ihr Getränk schon bezahlt?", fragt er mich.
Verdutzt bejahe ich dies.
„Möchten Sie noch ein Glas? Darf ich Ihnen noch einen Wein ausgeben?"
„Oh nein, vielen Dank." Entschieden wehre ich ab. „Ich möchte sowieso gleich gehen."
„Na dann auf Wiedersehen."
Lässig geht er auf und davon, und ich wache allmählich wieder auf. Wer ist das bloß und wieso habe ich ihn vorher noch nie bemerkt?
Für mich wird es auch Zeit zu gehen. Beim Verabschieden erkundige ich mich möglichst unauffällig bei François nach ihm. Antoine Galizi oder so ähnlich soll er heißen, wohnt hier um die Ecke und ist noch *celibataire*, wie mir auf die alles entscheidende Frage erklärt wird. Und Millionär, setzt François noch einen oben drauf. Nach seinem unterdrückten Grinsen zu urteilen ist er wahrscheinlich „ein armer Hund" auf der Suche nach einer gutbetuchten Touristin und seine demonstrierte Großzügigkeit dient nur zur Verschleierung der Tatsachen. Aber immerhin noch ein Junggeselle im Dorf, wenn wenigstens das stimmt, bei François bin ich mir da nie so sicher.
Als ich am *U Napulione* vorbeikomme, ist draußen niemand zu sehen und so gehe ich nach Hause. Für heute reicht es.

Ein neuer Sonntagmorgen, und leider der letzte für diese Ferien, hat angebrochen. Ich gehe nochmals in die Messe, nachdem mich die sehr aktiven Kinder meiner neuen Nachbarn schon früh geweckt haben. Ich möchte Gott um seinen Beistand bitten für meine Rückreise, die in wenigen Tagen ansteht und mir schon auf der Seele liegt. Nun bin ich schon über drei Wochen hier und noch immer ist die „p*erle rare"*, wie man hier sagt, also die „seltene Perle" oder auch „Ringeltäubchen" nicht gefunden. Nicht dass es keine Auswahl gegeben hätte – was sich hier in drei Wochen bietet gibt es daheim nicht in einem Jahr – aber irgendwie hat es nicht *„gefunzt"*, wie Carla mit einer ihrer vielen Wortkreationen sagen würde, was wohl so viel wie „funktioniert" bedeuten soll.

Nach der Kirche gehe ich noch auf einen Kaffee zum *Chariot*. Nachdem sich der Wind gelegt und es einmal kräftig geregnet hatte, knallt nun wieder die Sonne vom Himmel. Die Tische im Schatten sind alle belegt, an meinem Lieblingstisch vor dem Eingang sitzt auch schon ein Typ. Mit einem kurzen Blick und unverständlichem Grummeln erteilt er mir gnädig seine Zustimmung, neben ihm Platz zu nehmen.

Auch er ist in einer Zeitschrift vertieft und würdigt mich keines Blickes mehr. Auch er

sieht gut aus: dunkle Haare, braune Augen, ein leichter Bartansatz – sehr männlich und ein bisschen verwegen in Jeans, T-Shirt und verdreckten Stiefeln. Kommt bestimmt gerade vom Feld oder so. Er raucht ein Zigarillo und trinkt ab und zu von seinem Bier. Mir scheint er der Prototyp des Korsen schlechthin zu sein.
Während ich mir die Zeit mit dem *Corse Matin* vertreibe, überlege ich angestrengt, wie ich eine Unterhaltung in Gang bringen könnte. Die Zeit vergeht, unendlich langsam, und mir fällt einfach nichts ein, außer dann und wann einen Blick zu riskieren, der aber leider nicht im Entferntesten erwidert wird. Wahrscheinlich hat er an jedem Finger zehn junge, schöne und elfengleiche Korsinnen, und ich bin für ihn so interessant wie die Tauben über uns in den Platanen. Plötzlich steht er auf, bezahlt und geht. Wie er so durch die Tische dahin geht, habe ich genügend Zeit, seine hoch gewachsene, gut gebaute Gestalt in Augenschein zu nehmen – endlich ein Korse, der groß genug für mich wäre! Nur leider begegne ich ihm nicht mehr. Aber was soll's, er ist sowieso zu jung und zu schön und wahrscheinlich ein totaler Macho. Doch das Potential scheint ja hier unerschöpflich, wie schade, dass ich schon bald wieder fahren muss…

Grand bal de Chariot

Am französischen Nationalfeiertag gibt es abends traditionell einen so genannten „*bal*" im *Chariot*. Obwohl es so heißt, hat es mit einem Ball recht wenig zu tun, denn erstens sind alle so wie immer gekleidet, nämlich in lockerem Sommerdress, und zweitens macht ein DJ an einer aufgebauten Anlage Disco-Tanzmusik mit nur ein paar klassischen Einlagen wie Tango zwischendrin. Heute Abend sind es vor allem die französischen Gäste, die mit einem guten Essen und anschließendem Tanz diesen Tag feiern. Gegen halb elf, als das Essen so weit beendet ist, werden flugs einige Tische vor dem Eingang weggeräumt, so dass eine geräumige Tanzfläche entsteht. Und schon ertönen die ersten Hits aus den Lautsprechern. Drinnen auf der Theke prangt jetzt ein Riesenkelch gefüllt mit Eis und ein paar Flaschen Champagner für die anspruchsvolleren Gäste.
Noch traut sich keiner. Dann bin ich eben die erste auf der Tanzfläche und sogar solo, eröffne sozusagen den Ball, und ernte dafür Beifall von meinen Tischnachbarinnen, zwei reife französische Damen, die ich am FKK-Strand kennen gelernt hatte. Ermutigt

schwingen schon bald auch andere ihr Tanzbein. Wenn ein beliebtes Stück läuft, wird es sogar richtig voll und die ganze Sache kommt in Schwung. Selbst die *Patrone* Ambroise und François sind mit ihren Frauen dabei und eine ganze Schar von Kindern tummelt sich ausgelassen in der Menge. Als dann ein Tango kommt, bei dem sich die Paare finden, muss eine meiner Tischnachbarinnen herhalten. Ich habe zwar noch nie einen Tango, aber bei ihrer tollen Führung macht das rein gar nichts.

Da kommt man ganz schön ins Schwitzen, zumal in solch einer schwülen Sommernacht. Allen Tänzern läuft der Schweiß in Strömen, was man an den dunklen Flecken auf Hemd oder Bluse und den feuchten Haaren unschwer erkennen kann. Aber das stört keinen. Und fehlende Flüssigkeit wird immer wieder ersetzt, wenn auch meist in Form von Wein oder Bier. Ob alt oder jung, alle halten durch, selbst der über achtzigjährige *Bébé* schaut vom Rande noch zu und es wird zwei Uhr morgens, bis dass ich heimkomme. So gut getanzt habe ich schon lange nicht mehr - ein schöner Abschied, denn mein Flug geht am nächsten Tag.

Nachdem ich halbwegs ausgeschlafen habe, nehme ich zur Erfrischung erst mal ein Bad im Meer. Die Gymnastik fällt verständlicherweise heute aus. Dafür mache ich nach einem kurzen Frühstück noch einen letzten Spaziergang den Strandweg entlang bis hin zu den Felsen und weiter über die Klippen. Hier ist es ziemlich einsam, nur wenige Badegäste verirren sich hierher. Schmale, von den Schäfern mit ihren Schafen genutzte Wege führen durch knie- bis stellenweise mannshohes Gebüsch von harten, zähen Gräsern, Kräutern, Disteln und niedrig gewachsenen Sträuchern. Überall liegen Kaninchen- und Schafsköttel verteilt und Eidechsen verschwinden aufgescheucht schnell hinter den Steinen.

Auf breitem Felsuntergrund leben bunte Flechten und Moose, dazwischen wächst im hellen Sand ein Teppich von fast gleicher Farbe. Auf dünnen aber umso festeren Stielen sitzen kleine Blüten, die einen betörenden Duft ausströmen. Ich bin auf sie zuerst in der Toilette vom *A Rotta* aufmerksam geworden, wo ein Sträußchen von diesem getrockneten Kraut hängt. Da es hier überall an dem Strand wächst, werde ich mir jetzt auch etwas davon pflücken und mit heim nehmen, eine himmlisch duftende Erinnerung. Obwohl die zarten Halme und Blüten zerbrechlich wirken, trotzen sie doch jedem Wetter, und somit ist ihr Name auch

„Immortel", das heißt unsterblich.
Nicht weit von mir fährt gerade der feurige Elias mit einem aufmunternden Tuten vorbei und windet sich dann durch die Dünen weiter Richtung *Ile Rousse*. Wehmütig schaue ich ihm nach – schade, dass der Urlaub schon wieder zu Ende ist.

Am Abend schaue ich ein letztes Mal beim *Chariot* vorbei, um mich zu verabschieden. Die Spuren vom Ball sind zwar schon alle beseitigt, aber es liegt noch eine zähe Müdigkeit über allem. Gähnend steht die Bedienung im Eingang und sehnt den Feierabend herbei, glücklicherweise ist auch nicht viel los. Schweren Herzens verabschiede ich mich von François und den anderen: „À l' *année prochaine*" – bis nächstes Jahr.
Als ich am *U Napulione* vorbeikomme, bedient Franca gerade draußen die Gäste.
„Hallo wie geht es?"
„Danke gut", antworte ich etwas kleinlaut.
„Möchtest du jetzt mal reinkommen?"
„Was? Nein danke, dass ist jetzt zu spät und ich bin auch müde." Als wenn das jetzt noch etwas bringen würde.
Ein erstaunter Blick streift mich.
„Ja, ... ich fahre morgen wieder heim! Tschau Franca"

Die Heimkehr

Ich sitze in einer Maschine der LTU auf dem Flug von Calvi nach Frankfurt, es ist elf Uhr Vormittag. Obwohl ich schon zwei Mal auf der Flughafentoilette mein T-Shirt gewechselt hatte, ist es jetzt schon wieder nass unter den Armen und wir sind noch nicht einmal gestartet. Ich hasse das! Meine feuchten Hände umklammern ein Taschentuch, wenn sie nicht gerade zum Gebet gefaltet sind. Da ich direkt neben dem Notausgang sitze, fällt mir seine Bedienungsanleitung ins Auge.
„Herr Stewart, bitte schön, können Sie mir erklären, wie das Ding hier im Notfall aufgeht?"
„Aber ja, das ist ganz einfach. Sie fassen hier und ziehen diesen Hebel und drücken dort."
Na wunderbar, das ging so schnell, dass ich nichts verstanden habe.
„Und – haben Sie das schon mal benutzen müssen?"
„Nein, in den sieben Jahren meiner Tätigkeit nicht ein einziges Mal."
Wie beruhigend, denn auch der nun mittels Video vorgeführte Gebrauch der Schwimmweste und Gasmaske leuchtet mir erneut nicht ein, wie alle vorherigen Male

auch schon. Aber schließlich habe ich ja auch nicht vor, sie zu benutzen; deshalb kann es mir so egal sein wie den anderen Fluggästen auch, die unbeteiligt in irgendwelchen Zeitschriften blättern. Trotzdem ist es bestimmt besser, direkt neben dem Notausgang zu sitzen, das werde ich jetzt zukünftig immer so reservieren. Dann starten wir durch und heben ab. Wie immer traue ich mich nicht, rauszuschauen, sondern bete stumm zu meinem Schöpfer. Als wir die Höhe erreicht haben, wage ich einen kurzen Blick nach draußen. Leb wohl, geliebtes Korsika!

Dann dürfen wir uns wieder abschnallen. Mein Nachbar neben mir ist ein junger Typ von siebzehn Jahren, der wegen seinen immens langen Beinen diesen Platz gewählt hat. Er lässt geduldig meinen Wortschwall über sich ergehen, mit dem ich mich nun abzulenken versuche. Bloß nicht daran denken, dass wir tausende von Metern über dem Erdboden mit einer ungeheuren Geschwindigkeit dahinrasen und ich jetzt *nicht* aussteigen kann, wenn mir danach zu Mute ist.

Doch schon naht der Stewart mit dem Imbisswagen und verteilt kleine Lunchpakete. Ich genehmige mir einen Sekt und lasse mir von meinem Nachbarn den gesamten Lebenslauf erzählen. Nicht lange und wir befinden uns schon durch eine dicke Wolkendecke hindurch im Landeanflug auf Frankfurt, wo leider alles zurzeit besetzt ist. Das darf doch nicht wahr sein, jetzt müssen wir auch noch zusätzliche Runden drehen! Ich kann es kaum mehr erwarten, endlich aussteigen zu können und fange wieder an zu beten. Das scheint zu helfen, denn nun bekommen wir die Landeerlaubnis. Gott sei Dank, ich habe es wieder einmal geschafft!

Am Ausgang von Terminal 2 warten Carla und ihr Freund auf mich. Glücklich schließe ich meine Tochter in die Arme und stelle beruhigt fest, dass sie die vier Wochen meiner Abwesenheit anscheinend unbeschadet überstanden hat. Und ihr Freund macht auch einen ganz zufriedenen Eindruck. So gesehen hätte ich wohl noch länger bleiben können.
Als wir nach einigem Herumirren dann aus dem riesigen, unterirdischen Parkgebäude herausfinden, stehen wir wenig später in einem Stau auf der A 3. Ein leichter Nieselregen hat eingesetzt und es ist kühl; die lichten Blau-Töne von Korsika haben sich in ein Einheitsgrau gewandelt. Und nun ertönen auch noch Feuerwehr, Polizei und Rettungswagen, die sich durch die in der

Mitte gebildete Gasse kämpfen. Irgendwann geht es dann endlich weiter in stockendem Verkehr vorbei an der Unfallstelle mit einem total verbeulten und verbrannten Auto und spätestens jetzt wird mir klar, dass ich wieder in Deutschland bin.

Zu Hause ist dann erfreulicherweise alles gut in Schuss, der Kühlschrank einigermaßen gefüllt und die Blumen gepflegt. Was will man mehr?

„Hast du gut gemacht, mein Schatz!"

„Ja, ne? Ich habe sogar ein Geschenk für dich, guck mal in den Kühlschrank."

„Was, eine französische Salami, wo hast du die denn her?"

„Hier war französischer Markt, der Käse ist auch daher."

„Ach wie schön, das ist aber lieb von dir. Dass du da an mich gedacht hast, vielen Dank! Ich habe dir aber auch etwas mitgebracht" und reiche ihr mein Souvenir, ein gefalteter Lampenschirm aus türkisem Stoff und korsische Zitronenplätzchen. Auch die *Immortel*, die ich extra im Handgepäck mitgenommen hatte, ist unversehrt und duftet unvermindert. Dann gibt es viel zu erzählen, und in der Heimat ist es ja auch ganz schön. Alles in allem ist es ganz gut auszuhalten, bis zum nächsten Korsika-Urlaub!

Teil 2

Der Ruf Korsikas

Noch im alten Jahr buche ich bei Laurent wieder mein Zimmer Nummer 48 und reserviere mir einen Flug nach *Calvi*, schließlich möchte ich kein Risiko eingehen. Da meine liebenswerte Tochter Carla, die mittlerweile in Karlsruhe studiert, irgendwie noch nicht so genau weiß, ob und wenn ab wann sie mitkommt, wähle ich eine Zeit von Mitte Juli bis Mitte August. So komme ich nur teilweise in die teuerste Reisezeit und gebe uns eine Chance, dass sie eventuell für ein oder zwei Wochen nachkommt.

Als bei uns nach sieben kalten Monaten endlich wieder das schöne Wetter anfängt, werden sofort Erinnerungen wach – ein Hauch von frischer Frühlingsluft, ein leichter Wind und ein Himmel so blitzeblau, die hellen Strahlen der Sonne angenehm wärmend – ganz wie auf Korsika.

Jugendliche Unbeschwertheit durchströmt mich wieder, das Leben liegt noch vor mir und alles ist möglich. Beim Friseur versuche ich wie jedes Jahr mal wieder, einen schönen Kurzhaarschnitt zu erlangen, und auf dem heimischen Balkon frische ich meine verschlissene Sommerbräune auf. Freiheit und Abenteuer – mit meinem Fahrrad kein

Problem. Auch alleine lässt es sich leben, ich mache kleinere Touren durch die Eifel oder am Rhein entlang. Als es wärmer wird, fahre ich wieder zum See und gehe schwimmen. Hier muss man schon früh erscheinen, um noch einen Park- und Liegeplatz zu ergattern, und auch das Wetter spielt nicht immer mit, wenn heraufziehende Wolken die Sonne verdecken und ein kühler Wind das Wasser kräuselt. Dafür streift mich sanft das Seegras, wenn ich hinausschwimme und schillernde Libellen schwirren umher. In dem von meinen Füßen aufgewirbelten Schlick suchen kleine unscheinbare Fischchen ihr Auskommen. Grüne Hügel und viel Wald umgeben den See, nur ein Kloster liegt fern ab oberhalb des anderen Seeufers und ein Campingplatz weiter südlich. Ein paar Züge raus und schnell wieder zurück, hoffentlich kommt die Sonne nochmal raus.
Nur noch wenige Wochen bis zum Urlaub und dem Höhepunkt meines Jahres, die Aufregung steigt im gleichen Maße wie die Vorfreude. Hoffentlich kommt nichts mehr dazwischen, dieser Gedanke verfolgt mich jedes Mal bis zu letzt.

Jetzt bin ich schon voll in den Vorbereitungen. Ob man ein Jahr oder vier Wochen wegbleibt, das macht fast keinen

Unterschied mehr. Die gesamte Garderobe wird auf Vordermann gebracht und die entsprechenden Teile eingepackt, der Kühlschrank wird abgetaut und gereinigt, Vorräte gesichtet und für später angelegt. Ich packe so ziemlich alles ein, was man zu einer einfachen, aber doch anspruchsvollen Selbstverpflegung braucht, wie zum Beispiel Topf- und Essset aus der Campingküche, Messer, Knoblauch- und Zitronenpresse, Korkenzieher, Nudelsieb und Spülschüssel, um nur einiges zu nennen. Mein Malzeug muss ebenso mit wie die für vier Wochen nicht unerhebliche Kosmetikausstattung. Aber auch so unerlässliche Teile wie Bücher, Fliegenklatsche und Badelaken finden ihren Weg in meinen Koffer nebst Wäscheleine, Klammern und abgefülltem Waschmittel. Natürlich nehme ich auch noch mein Bio-Meersalz und Pfeffer, eine Packung Silicea Gel und Vitamintabletten für die Wechseljahre, ein paar getrocknete Rosmarinzweige und Lorbeerblätter mit und Teebaumöl gegen die Mücken. So fülle ich unermüdlich meinen Koffer, eine große Reisetasche und einen kleinen Rucksack, mehr kann und darf ich nicht mitnehmen. Kleidung packe ich nicht viel ein, und vermutlich werde ich davon sowieso nur die Hälfte brauchen, aber welche davon kann man nie vorher wissen.

Meinen kleinen Kräutergarten habe ich noch in Ordnung gebracht und meine Zimmerpflanzen gut versorgt. Meinen Arbeitsplatz verlasse ich aufgeräumt nach Abstimmung mit meinem Chef und meinen Kolleginnen. Alles wird noch einmal geputzt, Keller und Waschküche gefegt, mein Bett neu bezogen und der Müll entsorgt. Denn ich möchte alles ordentlich zurücklassen und genauso ordentlich wieder finden! Ich habe mir die Haare nachschneiden lassen und von der Familie, Freunden und Nachbarn Abschied genommen. Mein Proviant ist gepackt und die wirklich wichtigen Dinge wie Papiere und Geld sicher in meinem Handgepäck untergebracht, denn heute Nacht soll es schon los gehen.

Eigentlich könnte ich so jetzt auch ganz wegbleiben, alles wäre bestens geregelt, geht es mir durch den Kopf.

„Vermisst auf Korsika!" würde es dann in den Zeitungen heißen, aber wir sind ja treu und brav und werden zur rechten Zeit wieder zur Stelle sein.

Schließlich ist mein Job ja gar nicht so schlecht, meine kleine Wohnung hübsch und preiswert, die Gegend ganz schön und die Leute meistens nett. Vor allem meine Tochter, die zwar für ihr Studium bei uns ausgezogen ist, braucht mich dennoch, und auch meine Mutter würde mich nur höchst ungern ziehen lassen.

Es ist ein schwüler Abend. Nach diesen ganzen Vorbereitungen lasse ich mich erschöpft in meinen schönen, neuen Ohrenbackensessel sinken und gönne mir erst einmal einen großen Becher mit Rotwein und Eiswürfeln, öffne dazu eine Packung Pistazien und will mich endlich bei meiner Lieblingsserie entspannen, als ich irgendwie daneben greife (war ich zu hastig?) und den Becher umstoße. Der gesamte Rotwein nebst Eisklümpchen ergießt sich in einem Schwung über die Tischdecke, den neuen Sessel und den frisch geputzten Boden.
„Ah!", ein lauter Schrei entringt sich meiner Brust, „das darf doch nicht wahr sein, so eine Scheiße!".
Da ich die Balkontür offen habe, meldet sich mein Nachbar von oben besorgt und fragt nach, was passiert wäre. Mit Schwamm und einem speziellen Fleckmittel bewaffnet eilt er sofort zu Hilfe und bearbeitet meinen Sessel, derweil ich völlig frustriert die Tischdecke entferne und erneut den Boden wische.
„Mir bleibt aber auch nichts erspart" und

„Wer keine Arbeit hat, macht sich welche" sind die typischen Gedanken, die mir dazu einfallen, „Und mein neuer Sessel ist wahrscheinlich auch versaut, na toll!".

Dann ist es doch nicht so schlimm, die Flecken auf dem Sessel sind so gut wie entfernt, ich kann doch noch den Rest meiner Serie anschauen und in der Flasche Rotwein ist auch noch etwas drin. Ein Taxi habe ich für kurz vor vierundzwanzig Uhr bestellt, mein Zug geht um null Uhr zehn. Pünktlich stehe ich mit meinem gesamten Gepäck vor dem Haus und warte auf das Taxi, welches nicht kommt. Es ist dunkel, einsam und still und ich beneide alle Leute, die zu Hause bleiben oder wenigstens gemeinsam verreisen. Ich habe alles dabei, was ich in diesen vier Wochen brauchen könnte und überlege trotzdem, was ich vielleicht vergessen habe: Gas ist abgestellt, Stecker sind rausgezogen, Fenster und Haustür geschlossen.

Nur das Taxi kommt nicht, nervös schaue ich die Straße entlang. Aber ich habe ja jetzt ein Handy und kann schnell bei der Taxizentrale anrufen, schließlich geht in zehn Minuten mein Zug, den ich nicht verpassen darf. Bedauerlicherweise haben sie meinen Auftrag nicht vorliegen, aber ein Wagen kommt nun direkt vorbei. Na super, dafür bestellt man vorher. Das fängt ja alles gut an! Wenig später brausen wir dann doch zum Bahnhof, so dass ich meinen Zug gerade noch erreiche, der in diesem Fall natürlich ausnahmsweise mal pünktlich kommt.

Wieder einmal sitze ich am Terminal 2 im Flughafen Frankfurt, es ist drei Uhr morgens und ich warte darauf, dass es sieben Uhr wird und wir endlich starten. Die Zugfahrt mit einmal umsteigen hat gut geklappt, nur vom Fernbahnhof bis zu der richtigen Abflugstelle am Flughafen durchzukommen mit all dem Gepäck ist etwas gewöhnungsbedürftig. Rolltreppe rauf, Rolltreppe runter, zum Terminal 2 ist es ein langer Weg. Die Achseln meines T-Shirts sind schon schweißgebadet, dann habe ich es geschafft, mein Gepäck ist aufgegeben und ich kann mich setzen.
Warum tue ich mir das nur an? Warum bleibe ich nicht einfach zu Hause und genieße einen Urlaub auf Balkonien? Man kann so schöne Tagestouren machen, essen gehen und sich wirklich erholen! Anstatt dessen mühe ich mich ab, gebe jede Menge Geld aus und setze mich in so einen Kasten, obwohl ich nicht fliegen kann. Und das alles für ein paar Wochen Ferien – welch eine Strapaze! Darauf verzichte ich lieber

nächstes Jahr...
Die Minuten rinnen dahin so zäh wie ein Sirup durchs Nadelöhr, und eine grenzenlose Müdigkeit überfällt mich. Jetzt könnte ich gut einschlafen, wenn ich denn nicht hier sitzen würde. Die Familie an meinem Nachbartisch ist aus Rostock, will auch nach Korsika und ist schon seit dem vorigen Nachmittag unterwegs. Gemeinsam versuchen wir, eine Unterhaltung aufrecht zu erhalten. Mich fröstelt in dem Zug der Klimaanlage und mein Magen ist mittlerweile so verkrampft, dass ich nur noch Wasser runterkriege und von dem Angebot der ersten gerade öffnenden Kaffeestände leider keinen Gebrauch machen kann. Bei einem plötzlichen Hustenanfall scheint sich mein Magen sogar von unten nach oben zu stülpen. Es tut so weh, dass ich Angst bekomme und mich schon auf der Notaufnahme sehe.
„Mensch, jetzt reiß dich mal zusammen!", versuche ich mich selbst zur Räson zu bringen, und der blöde Spruch: „Runtergekommen sind sie noch alle" fällt mir ein.

Dann endlich der ersehnte Aufruf für die Passagiere mit Flug nach *Calvi*, jetzt wird es ernst. Ich habe wieder den Sitzplatz neben dem Notausgang reserviert, doch der Platz neben mir bleibt frei. Es gibt also keinen Gesprächspartner für mich, und die nächsten gelegenen Sitze sind von einem jungen Pärchen besetzt, wovon der Typ unausgesetzt in seiner Zeitschrift vertieft ist und das Mädchen sich sehr zugeknöpft gibt. Keine Chance auf Kommunikation also, es bleibt mir wohl nur mein Buch und Gottes Beistand, mit dem wir uns nach zermürbenden anderthalb Stunden dann auch sicher auf den Landeanflug nach *Calvi* begeben. Ein Blick durchs Fenster sagt mir, dass bestes Wetter ist: Das Meer liegt ruhig und unendlich blau vor der grünen Küste mit den hellgelben Ständen – das sind die Farben Korsikas.

Als wir die Maschine über die Gangway verlassen dürfen, blinzele ich glückselig in die helle Morgensonne: Rundum ragen die 2000ender Berge von *Bonifatu* wie immer stark und verlässlich auf, davor das kleine weiße Flughafengebäude am Rand der zwei Rollbahnen, die es gibt, und über allem dieser unbeschreiblich blaue Himmel. Wie auf einem Laufsteg ins Glück überquere ich zu Fuß das Rollfeld und warte dann mit meinen Mitreisenden an der Gepäckausgabe. Welch ein Unterschied ist das doch hier zu Frankfurt, so gediegen, entspannt und gelöst,

Es gibt ein schönes Cafe hinter den großen Scheiben zum Rollfeld hin, wo es jetzt nach frischem Café und Croissants duftet und einen modernen Shop mit Andenken, Zeitschriften, Süßigkeiten und Spirituosen.
Draußen vor dem Eingang warten einige Taxis, ich nehme eines und los geht es. Schon nach wenigen Kilometern gelangen wir auf die *N197*, die links weiter nach *Calvi* führt, auch ein sehr schöner Küstenort mit einer eindrucksvollen Festung, malerischer Altstadt und kleinem Yachthafen. Wir wenden uns nach rechts, Richtung *Ile Rousse* und überqueren das jetzt ausgetrocknete Bett der *Figarella*. Dann auf halber Strecke ungefähr führt eine kleine Straße hinab und wir erreichen *Algajola*, eigentlich nur eine handvoll Häuser hinter einer Zitadelle auf einem Felsen umgeben von Meer und mediterraner Vegetation, für mich aber der schönste Ort auf der Welt.

Im *L' Escale* wartet wieder das Zimmer 48 sauber hergerichtet auf mich, nach einer herzlichen Begrüßung richte ich mich häuslich ein. Ein Blick aus dem Fenster aufs Meer sagt mir, dass Zeit relativ ist, denn es kommt mir wie gestern vor, als ich das letzte Mal hier hinausgeschaut hatte. Nur habe ich jetzt noch ganze vier Wochen vor mir! Als endlich alles an seinem Platz ist, setze ich mich erschöpft vors Zimmer – jetzt habe ich mir aber erst einmal ein Bad verdient. Ach ist das herrlich, das Wasser ist noch genauso seidenweich und türkisblau, wie ich es verlassen hatte, und auch die grünen Hügel ringsum und die hellen Häuser von *Algajola* mit dem über allem ragenden Kirchturm sind unverändert, es ist einfach schön!

Nachdem ich die Reste meines Wegproviants verzehrt habe, gönne ich mir mittags ein Päuschen und schlafe drei Stunden tief und fest, derweil draußen das Strandleben unverändert seinen Gang nimmt. Danach fühle ich mich schon besser und beschließe, mir eine Fischsuppe im *Chariot* zu genehmigen, die mir wieder neue Kräfte geben wird. Wie jedes Jahr gibt es eine freudige Begrüßung mit einem „*bisou*", eine für Franzosen übliche Begrüßung unter Freunden oder in der Familie mit einem Küsschen auf die rechte und einem auf die linke Wange oder auch zwei oder drei, je nach örtlicher Gewohnheit. Ich praktiziere diese Form der Begegnung meistens nur bei Ankunft und Abschied, das muss reichen, obwohl es ja eigentlich eine patente Möglichkeit der Annäherung darstellt. Alle sind sie noch da, auch der alte Bébé, und alle fragen wieder nach Carla.

Pünktlich zum Sonnenuntergang bin ich wieder zurück auf dem Strand. Hier ist es noch am schönsten, dieses Licht und die Weite und welche Farben! Jetzt ist die Zeit für Beach-Volleyball, Frisbee und Bongosessions, während beim *L' Escale* die ersten Grillfeuer entzündet werden. Als die Sonne im Meer verschwindet, gehen wie bei einer Inszenierung zuerst die Lichter von *Algajola* an, gefolgt von denen der anderen Dörfer in den Hügeln, und dann ziehen Mond und Sterne am Nachthimmel auf. Gott sei Dank – endlich bin ich wieder hier!

Feuer und Sturm

Ich hatte mir vorgenommen, dieses Mal direkt am Anfang zum *U Napulione* zu gehen, um uns überhaupt eine Chance zu geben. So mache ich mich schon am zweiten Tag auf den Weg bzw. lenke meine Schritte nach dem Einkauf im Supermarkt dorthin um einen Espresso zu nehmen. Franca begrüßt mich erfreut, fragt, wann ich angekommen bin und bringt mir den Kaffee nach draußen. Ich bin der einzige Gast, von ihrem Vater keine Spur. Na super – wie soll das jemals was geben? Während ich noch frustriert in meiner Tasse rühre, kommen weitere Gäste und Franca bereitet draußen auf dem Ofen die *Crêpes*. Ihn höre ich jetzt im Hintergrund, und dann kommt er auf einmal raus, sagt irgendwas zu Franca, wirft einen Blick zu mir rüber, winkt mir kurz zu, ich winke zurück und er verschwindet wieder nach hinten in die Küche. Na immerhin ein Anfang; ich trinke aus, bezahle und gehe wohlgemut nach Hause.
Ein leichter Wind ist aufgekommen und lässt dass Wasser in sanften Wellen an den Strand rollen. Dieses Badevergnügen lasse ich mir nicht entgehen und tauche ein in die weiße Gischt und drunter durch, lasse mich treiben

und wieder an den Strand tragen. Am Abend wird der Wind stärker, so dass ich meine Stühle draußen zusammen stelle und den Sonnenschirm und die Wäsche reinhole. Dann setze ich mich rein und schaue durch das Fenster aufs Meer raus, wo sich mittlerweile gewaltige Wogen an den Strand werfen. Wie war das doch nochmal mit dem Wind? Drei Tage..., egal, ich habe ja noch jede Menge Zeit, und außerdem ist es hier auch bei Sturm schön.

Dieser herrscht auch noch am nächsten Tag und facht durch eine achtlos weggeworfene Zigarette an einer Straße in den Bergen von *Calenzana* ein Feuer an, ungefähr zwanzig Kilometer von uns entfernt. Schnell ist das trockene Gestrüpp entbrannt und der Wind trägt das Feuer übers Land. Schon brennt der ganze Hang und auch der nächste wird nicht verschont. Die Flammen fressen sich durch die *Macchia* und machen auch vor den Olivenbäumen, Bergkiefern und Steineichen nicht halt. Über ihrem Weg hängen dichte Rauchwolken, zurück bleibt eine schwarz verkohlte Spur.
Trotz des sofortigen Einsatzes der Feuerwehr mit ihren Löschfahrzeugen und den *Canadiers*, den Löschflugzeugen für die unzugänglichen Gebiete, ist das Feuer nicht

zu stoppen, denn der Wind treibt die Funken weiter, so dass an immer neuen Stellen ein Brand ausbricht. Auch für die Männer der Feuerwehr ist dies eine sehr riskante Situation, schnell können sie überrascht werden, und die *Canadiers* riskieren ihr Leben, wenn sie bei dem Sturm ihren Einsatz fliegen.

Am nächsten Tag haben die Flammen fast die Dörfer der *Balagne* erreicht, jetzt wird es ernst. Die Feuerwehr kämpft unermüdlich den ganzen Tag und auch noch die folgende Nacht. Immer wieder fliegen die *Canadiers* die Wasseroberfläche in unserer Bucht an, um dabei ihre Tanks aufzufüllen, steigen wieder auf und verschwinden in den Qualmwolken, um genau da ihre Wasserlast abzuwerfen, wo es brennt. Voller Bewunderung schaue ich ihnen vom Strand her zu – das sind die wahren Helden. Ihre Konzentration gilt den Dörfern mit ihren zum Teil zerstreuten Grundstücken, sie bekommen eine Wasserladung nach der anderen von oben, damit die Flammen erst gar keine Nahrung finden.

Gegen Abend ziehen die *Canadiers* ab, denn im Dunklen können sie nicht fliegen. Dafür blinken noch lange überall entlang der Zufahrtsstraßen in den Bergen die blauen Lichter der Feuerwehrwagen, denn es gibt immer noch kleinere Brandherde. Gott sei Dank scheint sich der Wind zu legen. Ich gehe irgendwann schlafen mit der Hoffnung für diese mutigen tapferen Männer, dass sie erfolgreich sein würden.

Am nächsten Morgen sagt mir ein Blick in Richtung Berge, dass sie es geschafft haben. Der Himmel prangt wieder in ungetrübtem blau und nur vereinzelt sind noch ein paar Feuerwehrfahrzeuge zu erkennen, die wohl die Nachhut stellen. So weit ich erkennen kann, hören die Brandspuren kurz vor den Häusern auf, das war wohl knapp. Aber auch der Wind hat sich verzogen, ruhig liegt das Meer in der Morgensonne und man könnte meinen, es wäre nichts passiert. Ich beschließe, mir die Sache einmal näher anzuschauen und nach einem Bad und kurzem Frühstück einen Spaziergang in die Berge zu machen.
Der nächste Weg dorthin führt auf einer kleinen Straße, die am Ortseingang von *Algajola* von der *N197* abzweigt Richtung *Aregno*. Sie windet sich vorbei an dem Ferienclub *Maristella* durch die ansteigende Hügellandschaft, erklimmt in weiten Kurven den Berg, auf dem *Aregno* liegt, und verzweigt sich dann zu den Dörfern im Hinterland. Das steilste Stück führt zum Dorf

San Antonino. Es thront auf dem höchsten Berg ringsum, seine Häuser und Gassen sind in den Fels gemeißelt, nur die kleine Kirche steht auf einem freien Plateau und schaut über die Berge und Täler und einen Stausee bis hin zum Massiv des *Monte Grossu,* das von hier gar nicht mehr so weit weg scheint. Ein gewaltiges ursprüngliches Panorama und Rückzugsgebiet für einige wilde Tiere wie das Muflon, ein Wildschaf, welches auch das korsische Wappentier ist. Der Blick von der anderen Seite des Dorfes zur Küste hin ist ebenso atemberaubend mit dem blauen Glitzern des Meeres in der Ferne.

Ich aber wandere, nachdem ich einen Kontrollposten von Polizei und Feuerwehr an der Abbiegung passiert habe, auf der kleinen Straße weiter entlang der Schafweiden und Brombeerhecken Richtung *Aregno.* Bei der Wallfahrtskapelle auf halber Strecke mache ich eine Rast, setze mich auf die Treppe in den Schatten eines Feigenbaumes und halte Brotzeit. Sehr still ist es hier – nur die Grillen zirpen ausdauernd ihr monotones Lied und ab und zu fährt ein Auto vorbei.
Gestärkt mache ich mich wieder auf den Weg und komme bald durch das betroffene Gelände, rechts und links der Straße weisen

verkohlte Sträucher und schwarze Gransnarben vom dem Zug des Feuers. Selbst die alten Eichen, die an einer Stelle an der Straße stehen, hat es teilweise erwischt. Lediglich das Schilf, welches in einer Senke von einem Bachlauf steht, hat unbeschadet überlebt. Die letzten Meter auf dem steilen Stück geht es nur noch langsam, schließlich ist es schon Mittag und ziemlich heiß. Wie gut, dass ich immer eine Flasche Wasser dabei habe. Im dürftigen Schatten eines Baumgerippes trockne ich mir mit einem Handtuch den Schweiß ab, dann geht es weiter. Kurz vor den ersten Häusern von *Aregno* endet die Feuerspur, praktisch an ihren Gärten, so knapp war der Kampf letzte Nacht entschieden worden. Und das alles nur, weil irgendjemand achtlos eine Zigarette weggeworfen hatte!
Aregno ist ein aufstrebendes Dorf mit alten, meist restaurierten Häusern, hübschen Blumenterrassen und Gärten, wo Zitronen- und Orangenbäume wachsen, einer schönen alten Kirche und zwei netten Café-Bars nebeneinander auf dem Dorfplatz. Vor der ersten, der *Bar des Amis,* lasse ich mich erschöpft unter der Markise nieder und erfrische mich erst einmal mit einem Eis und einem *Pastis* mit viel Wasser, bevor ich wieder den Heimweg antrete.

Torschlusspanik

Jetzt bin ich schon über zwei Wochen hier, aber *„la perle rare"* liegt immer noch in den unergründlichen Tiefen des ach so blauen Mittelmeeres.
Carla kommt nun doch nicht, sie möchte die Zeit lieber mit ihrem Freund bei mir zu Hause verbringen. Natürlich könnte sie dieses auch noch in den verbleibenden sieben Wochen von ihren Semesterferien tun, aber da mach' mal was dran! Meine mütterliche Daseinsberechtigung scheint dahin zu schmelzen in gleichem Maße wie die Selbständigkeit meiner Tochter wächst. Aber im Ernst, was kann ich als ausgediente Glucke nun noch aus meinem Leben machen? Vor einundzwanzig Jahren hatte ich hier auf Korsika ein neues Leben angefangen, welches nur einen kurzen Sommer währte – aber vielleicht ließe sich ja dort wieder anknüpfen, sozusagen da weitermachen, wo man aufgehört hatte, nur unter anderen Bedingungen? Ist so etwas überhaupt möglich?
An meinem früheren Arbeitsplatz, dem *Maristella*, arbeiten nun Leute in dem Alter, in dem ich auch damals war, nur ist dies halt zwanzig Jahre her. Damals lernte ich das

anstrengende, aber auch sehr amüsante und abwechslungsreiche Leben innerhalb einer Hotelcrew kennen – könnte ich mich heute noch integrieren oder wäre ich die „Oma vom Dienst"? Und würde mich dieser Jean überhaupt noch wollen und wie könnte ich dies herausfinden, wenn er so gut wie nie aus seiner Küche herauskommt? Immerhin war er die letzten zwei Male bei meinen Besuchen kurz erschienen und hatte mir zugewinkt, bevor er wieder in seine Küche entschwand, und ich hatte zurück gewunken. Das mag ja ganz lustig sein, bringt uns aber auch nicht wirklich weiter, überlege ich, und bald ist der Urlaub schon wieder zu Ende!
Wir haben Vollmond, das Meer liegt vom Mondglanz beschienen vor mir und gleitet mit ruhigen kraftvollen Wellen an den Strand. Ich sitze vor meinem Zimmer und lausche den Wogen, schaue in die unendliche Weite des korsischen Himmels und spüre den sanften Wind auf der Haut und in den Haaren.

Jean gibt sich so verschlossen wie eine Auster. Auch als ich mit Werner und Solange, einem deutsch-französischen Pärchen, das ich vor zwei Jahren am FKK-Strand kennen gelernt hatte und mit dem ich seither befreundet bin, eines Abends an der Theke

stehe und wir einen Pastis trinken, kommt er nicht zum Vorschein. Durch das Fenster der Küchentür kann ich ihn zeitweise hantieren sehen, einmal winkt er mir kurz zu. So gibt das nie was, denke ich, und wende mich frustriert zu meinen Bekannten.
„Komm lass uns gehen, ich will heim."
Vor dem *U Napulione* trennen sich unsere Wege, ich gehe allein den Weg nach Hause entlang dem kleinen Strand vor dem *Hotel de la Plage* vorbei am Hotel *Beau Rivage* bis hin zum *L' Escale*. Wie oft bin ich schon diese Gasse gegangen, und wie schön ist es hier doch, selbst nachts. Die alten vertrauten Gemäuer von den kugeligen Straßenlaternen in sanftes orange-gelbes Licht getaucht – über dem kleinen Torbogen in Höhe des *Hotel de la Plage* schimmert immer noch die alte gusseiserne Lampe in hellem Schein und weiter raus schwingt sich die dunkle Silhouette der angrenzenden Berge mit den Lichterketten der Dörfer. Über dem größten Berg geht gerade der Mond auf, eine dicke, fette, hell scheinende Kugel, so als würde Gott gerade nun sein schönstes Licht aufhängen. Es ist so ruhig und friedlich an diesem Abend, der Himmel mit seinen vielen Sternen scheint so nah wie auf dem Dach der Welt, ich fühle mich so geborgen wie nirgendwo sonst auf der Welt. Wie schön

wäre jetzt doch, einen netten Mann neben sich zu haben.

Ein neuer Versuch: Ich gehe mit Janett, meiner Bekannten vom *Office du Tourisme*, zum Mittagessen ins *U Napulione*. Sie hat mich zu einer Pizza eingeladen, die man natürlich im *Chario* weitaus besser essen könnte, aber vielleicht wirkt sich die alte Bekanntschaft von Janet zur Mutter von Jean ja irgendwie positiv aus, denken wir uns, und so nehmen wir auf der Terrasse des *U Napulione* Platz. Wir werden auch freudig begrüßt von Mutter und Tochter, doch sonst geschieht nichts, außer dass Janet nun doch ein richtiges Essen mit einer kleinen Flasche Wein bestellt.
Als wir fast fertig sind, erscheint Jean kurz an der Tür, winkt uns zu und geht nach oben. Ich nehme an, um seinen Mittagsschlaf zu halten. Na super – kann er nicht oder will er nicht? Um dieses herauszufinden wende ich mich nun noch mal an seine Tochter Franca, nachdem Janett bei ihr bezahlt hat.
„Du sag mal Franca, hat dein Vater etwas gegen mich oder warum meidet er mich nur noch?"
„Oh nein, auf keinen Fall, er hat jetzt nur viel zu tun."
„Und wann hat er dann nicht viel zu tun –

kann man ihn nicht auch einmal außerhalb der Arbeitszeit sehen?"
„Ja, so am frühen Abend zum Aperitif vielleicht oder morgens geht er öfters schwimmen hier unten am kleinen Strand, so gegen zehn."
„Okay, dann werde ich das versuchen. Sage ihm bitte, dass ich ihn gerne einmal treffen würde."
„Ja mach ich, das werde ich ihm sagen."

Der nächste Morgen ist ein Sonntag und ich schaffe es gerade so, mich gegen zehn Uhr auf den Weg zu machen. Es hat ja wahrscheinlich sowieso keinen Zweck, er wird ohnehin nicht da sein, aber dann komme ich wenigstens noch zum Ende des Gottesdienstes hin. Es ist schon ziemlich heiß, ich ziehe kurze Hosen, T-Shirt und Sandalen an. Für einen Kaffee bleibt keine Zeit, auch meine morgendliche Gymnastik muss leider ausfallen.
Als ich am kleinen Strand von *Algajola* vorbeieile, werfe ich einen Blick wie schon so oft rundum über die Felsen und das Wasser. Alles leer bis auf zwei Männer, die in Badehose auf einem der vorderen Felsen in der Sonne sitzen. Jean und seine Küchenhilfe, ich kann es kaum glauben und muss noch mal genau hinsehen, denn ich habe meine

Brille nicht auf. Während ich noch krampfhaft überlege, was ich nun tun soll, haben sie mich entdeckt und Jean winkt zu mir rüber. Ich winke zurück und lenke mutig meine Schritte runter zum Strand. Jetzt oder nie, das ist die Gelegenheit!
„Hallo wie geht's?", etwas Besseres fällt mir leider auf die Schnelle und in französisch nicht ein.
„Gut so weit", antwortet er, und seine Küchenhilfe, ein langjähriger Freund von ihm, wie ich erfahre, lässt sich vom Felsen ins Wasser hinab.
„Wir wollen schwimmen gehen, kommst du mit?"
„Ne, tut mir leid, ich habe kein Badezeug dabei." Na prima, wieso habe ich nicht daran gedacht?
Ich lasse mich zu ihm auf den Felsen nieder und meine Beine im Wasser baumeln. Die Küchenhilfe schwimmt eine Runde, während dessen wir uns unterhalten.
„Was machst du eigentlich in Deutschland?"
„Ich arbeite in einem Büro von einer Ölgesellschaft. Wir beliefern Binnenschiffe."
„Ah ja. Ist Carla nicht mitgekommen?"
„Leider nein."
„Und wo ist hier deine Unterkunft?"
„Wieder unten im *L' Escale*. Du kannst ja mal vorbeikommen, wenn du möchtest."

„Ja, gerne, wenn ich einmal Zeit habe. Abends wird es immer spät, und mittags geht es schon wieder los."

„Was machst du denn nach der Saison, wenn du hier zumachst?"

„Dann mache ich erst mal Urlaub, gehe fischen und so und fahre nach Deutschland meinen Freund Dieter besuchen."

„Was, nach Deutschland, wohin denn da?"

„Nach Trier."

„Aber das ist ja gar nicht weit von mir, da kannst du mich mal besuchen kommen!"

„Ja, vielleicht mit einem Mietwagen, ich muss mal sehen."

„Ich hole dich auch vom Bahnhof ab, da gibt es eine gute Zugverbindung."

„Mal sehen, ich werde dich anrufen."

„Wann ist das denn ungefähr so?"

„Ich denke so Ende Oktober, ich rufe dich an."

Zu Hause überlege ich mir, dass er ja gar keine Telefonnummer von mir hat und ich auch nicht im Telefonbuch stehe. Und wo ich im *L' Escale* zu finden bin, hat er auch nicht gefragt.

Abschied

Wie schnell waren die Ferien doch wieder vergangen, heute ist mein letzter Tag. Jean hat sich natürlich nicht blicken lassen. Habe ich etwas anderes erwartet?
Meine Sachen habe ich so weit gepackt und das Zimmer ist bezahlt. Noch ein letztes Mal mache ich mich auf an den FKK-Strand. Es ist ein heißer Tag, das türkisblaue Meer liegt glitzernd in der Sonne, eine leichte Brise kommt vom Wasser her, also bestes Badewetter. Das scheinen auch die restlichen Urlauber zu denken, denn der Strand ist ziemlich voll. Aber weiter hinten findet man immer noch ein ruhiges Plätzchen. Wehmütig lasse ich meinen Blick schweifen – alles ist wie immer, so vertraut. Vor den kleinen Strandcafés sitzen einige Gäste, Autos bepackt mit Kindern und Gummitieren winden sich den Strandweg entlang und eine Jugendgruppe wartet an der Station *Aregno Plage* auf den nächsten Zug. Ich beneide sie alle, die da so selbstverständlich ihres Weges gehen, denn sie haben es gut, sie werden morgen noch hier sein, während ich schon in der Maschine nach Frankfurt sitze. Natürlich ist mir klar, dass vielleicht einige von ihnen morgen oder wenig später ebenfalls abreisen

werden, schließlich stehen einem die verbleibenden Urlaubstage ja nicht auf der Stirn geschrieben, aber für mich zählt hier jeder Tag und außerdem gibt es auch noch die Leute, die den ganzen Sommer bleiben und die Einheimischen haben es überhaupt am allerbesten.

Am Strand angekommen lege ich mich zu Werner und Solange, die schon da sind und ganz entspannt unter ihren Sonnenschirmen faulenzen. Ihr Urlaub endet erst in drei Wochen, obwohl sie auch genauso lange schon da sind, einfach unverschämt. Wir wollen nachher noch zusammen den Sonnenuntergang bei mir mit einem gemeinsamen Essen genießen. Dafür habe ich heute Morgen in dem kleinen Supermarkt von *Algajola* eines der vorzüglichen korsischen *poulet*, also Hühnchen, bestellt, die in der angrenzenden Backstube mit Kräutern der *Maccia* gegrillt werden und welches nachher nur noch abzuholen ist.
Als es mir zu heiß wird, werfe ich mich ins Wasser. Ach, ist das schön kühl und erfrischend, so angenehm weich auf der Haut, und es trägt mich ganz leicht – dieses wunderbare türkisfarbene Nass werde ich am meisten vermissen! Auf einmal macht mir Werner Zeichen von seinem Handtuch

aus und ich sehe, wie sie sich eilig etwas anziehen. Na klar, da hinten kommen zwei *Gendarmen* in blauer Uniform auf den Strand und kontrollieren den Bekleidungszustand der Badegäste. Der ist bei fast allen nun einwandfrei dank unserem eingespielten Frühwarnsystem und hurtigem Überstreifen einer Badehose. Nur wenn man dann gerade im Wasser ist, bleibt man besser drin, bis dass der kleine blaue Polizeibus sich wieder auf dem Strandweg in Richtung *Algajola* von dannen macht. Bis jetzt sind sie glücklicherweise noch nicht auf die Idee der verdeckten Ermittlung gekommen. Man stelle sich vor: der unschuldig aussehende Herr in knapper Badehose neben uns springt auf einmal von seinem Laken auf, zerrt eine blaue Uniform hervor und hält uns seine Dienstmarke vor die Nase. Und in dem Bus werden wir dann alle abgeführt.
Beim Schwimmen beobachte ich hoffnungsvoll den Strand und überlege schon, wie ich mich unauffällig weiter unten an den Strand pirschen könnte, um da dann ihren Rückzug abzuwarten. Doch endlich sehe ich sie abfahren und traue mich aus dem Wasser. Die anderen haben ihr Badezeug schon wieder ausgezogen, nur Solange hat die Nase voll und lässt ihres jetzt an. Ich überlege, warum die Gendarmen

nicht einfach noch mal zurück kommen, um die Übeltäter zu überraschen, und finde es sehr human von ihnen. Sonst würde es wirklich ungemütlich werden.

Während Werner und Solange das *poulet* und frisches *baguette d' olive* abholen, koche ich einen Gemüsereis und decke den Tisch vor meinem Zimmer mit Blick auf das Meer und die Sonne, die sich in errötenden Strahlen ihm nähert. Eine längliche Dunstwolke verhüllt sie teilweise schamhaft, dafür glüht das Monte Grossu Massiv gegenüber in kräftigem Orange, wo die Sonne es trifft.

Endlich haben wir alles beisammen und setzen uns zum Essen. Als Vorspeise gibt es Melone und das Olivenbrot mit einer korsischen *tapenade d' olive,* ein köstlicher Brotaufstrich, den meine Bekannten noch im Supermarkt aufgetan haben. Zum Hühnchen reiche ich den Gemüsereis und natürlich trinken wir den wunderbaren, gekühlten, korsischen Rotwein nebst Wasser dazu. Die Sonne geht hinter ihrem Dunstschleier unter, der Himmel ist rundum in zartes Rosa gehüllt. Ach, was geht es uns doch gut!

Nach dem Essen wollen wir noch kurz zum Abschied ins Dorf gehen. Eigentlich würde ich doch gerne diesem Jean meine

Telefonnummer hinterlassen, überlege ich, falls er mich doch besuchen wollte. Ich möchte dem Schicksal wirklich nicht im Wege stehen! Gemeinsam überlegen wir die besten Worte, Solange übersetzt sie in Französisch und ich schreibe sie auf einen Zettel. Doch, das hört sich wirklich gut an, einladend und trotzdem unaufdringlich. Ich beschließe, den Zettel beim *U Napulione* auf jeden Fall abzugeben.
Ein letzter Gang durch die Gassen von *Algajola*, ein letzter Wein im *Chario*
„À l' année prochaine!"
Beim *U Napulione* sitzen noch einige Gäste draußen und auch drinnen sind Tische besetzt. Na gut, zielstrebig marschiere ich an den Tischen vorbei zur Theke, hinter der Franca gerade die Gläser poliert, wende mich mit einem kurzen *„Hallo, ça va?"* zur Durchreiche in die Küche und schaue hinein. Er und seine Hilfe sind voll mit Saubermachen beschäftigt.
„Salut Jean!"
„Ah, hallo Billy, wie geht es dir?"
„Es geht so. Ich fahre morgen ab."
„Ach ja? Ist der Urlaub schon wieder zu Ende?"
„Tja, ... ich habe hier für dich einen Zettel mit meiner Telefonnummer, falls du mal kommen möchtest."

Ich reiche ihm meinen Zettel durch.
„Das ist aber sehr nett, vielen Dank!"
Lächelnd nimmt er den Zettel entgegen und liest ihn.
„Da steht ja sogar alles genau drauf, mit Anschrift und so."
Spontan kommt er durch die Tür nach vorne, steckt den Zettel mit den Worten „Das kommt in meine Urlaubstasche zu den anderen" in eine an einem Haken hängende Gürteltasche.
Das soll wohl ein Witz sein oder wie viel andere Urlaubseinladungen hat er noch?
Während ich noch darüber sinniere und mich mit einem *„Au revoir"* verabschieden will, sagt er „Moment mal", nimmt mich an den Schultern, umarmt mich kurz und verabschiedet mich ganz französisch mit einem *bisou* rechts und links.
„Tschau, tschau Franca" und schon bin ich wieder draußen, wo Werner und Solange auf mich gewartet haben. Frohgemut gehe ich mit ihnen heim, ich hatte nun wirklich alles Mögliche getan, jetzt brauche ich nur noch abzuwarten.

Über den Wolken

Mein Flieger geht erst am frühen Nachmittag, so habe ich genügend Zeit für ein frühes Bad. Ein letztes Mal stürze ich mich in die blauen Fluten, werfe wehmütig einen Blick zurück auf die grünen Hügel ringsum und auf *Algajola*, das noch verschlafen in der Morgensonne liegt. Ein Jahr werde ich dieses alles nicht wiedersehen – elf Monate müssen erst vergehen, wovon sieben kalt, grau und nass sein werden, eine tolle Aussicht. Aber ich bin auch dankbar, dass ich diese wunderschönen Ferien hier verleben durfte, das hat schließlich nicht jeder!
Nach dem Duschen genehmige ich mir erst mal einen *café au lait* mit einem frischen *croissant*, packe meine Sachen und verabschiede mich von den Leuten vom *L' Escale.* Dann setzte ich mich vor mein Zimmer, schaue aufs Meer und warte auf Werner und Solange, die mich zum Flughafen bringen wollen. Ich versuche, ruhig zu bleiben, Gott sei Dank ist schönes Wetter, vor allem kein Wind.
Als Werner und Solange dann kommen, geben sie sich alle Mühe, mich mit irgendwelchen Späßen aufzuheitern, was aber nicht viel nützt, und liefern mich

pünktlich am Flughafen von *Calvi* ab. So checke ich als eine der ersten ein und setze mich dann an die Theke von dem Café. Zur Beruhigung meiner Nerven bestelle ich einen Wein mit viel Eis und beginne ein Gespräch mit der Bedienung, einer netten Frau aus *Aix-en-Provence*, die hier eine Saison sich ihr Geld verdient. Die Zeit kriecht zäh dahin, ich gehe nochmal auf die Toilette und wechsele mein T-Shirt. Jetzt nur nicht nervös werden, so lange dauert es doch gar nicht mehr bis zum jüngsten Gericht, äh, ich meine Abflug. Dann kommt die Aufforderung zum Einsteigen. Okay, nun ist es so weit, im strahlenden Schein der korsischen Sonne gehen wir auf die wartende Maschine der Hapagfly zu. Oben von der Gangway ein letzter Blick auf die hohen Berge ringsum – ade liebes Korsika, dann verschwinde ich im Bauch des Fliegers.

Lieber Gott: Bitte lass mich diesen Flug gut überstehen! Und er lässt mich, sogar besser als erwartet. Zwar ist keine Ablenkung von irgendwelchen Nachbarn zu erwarten, da der Platz neben mir leer bleibt und auch sonst keinerlei Gesprächsbereitschaft signalisiert wird, aber als die Schubkraft einsetzt, mit deren Hilfe wir uns vom Boden in die Lüfte heben, kann ich mich in mein

Schicksal ergeben und wage später sogar einen vorsichtigen Blick aus dem Fenster auf die Wolkendecke unter uns. Eigentlich sieht es ja ganz interessant aus, man darf nur nicht daran denken, wo man sich befindet.
Und da kommt auch schon der Stewart mit dem Wagen und verteilt die Lunchpakete, in einer knappen Stunde landen wir wieder. Schon von oben sieht man den Unterschied: Frankfurt präsentiert sich quadratisch praktisch in verschiedenen Grautönen, zugezogen wie der Himmel – vergangen das lichte Blau und warme Grün, vorbei das freie lockere Leben. Den Landeanflug verfolge ich dann mit ergebener Gelassenheit, wenn alles gut klappt erwische ich noch den nächsten Zug.
Als ich dann endlich mit meinem ganzen Gepäck im Zug nach Hause sitze, bin ich sehr erleichtert. Wieder einmal habe ich es geschafft; dankbar betrachte ich das abendliche Rheinpanorama, welches an uns vorüberzieht. Mir gegenüber sitzt eine Dame, die schon vor 27 Jahren auf Korsika Urlaub gemacht hatte, wie ich erfahre, und auch in *Algajola* gewesen ist. Gemeinsam schwelgen wir in Erinnerungen, bis dass sich unsere Wege am Bahnhof trennen. Carla, meine Sonne, steht am Bahnsteig und erwartet mich.

Schon bald naht der Herbst und in den Geschäften werden die ersten Weihnachtssachen ausgestellt. Das Wetter ist noch schön, ein Altweibersommer mit milden Temperaturen und letzten wärmenden Sonnenstrahlen. Wenn es meine Zeit erlaubt, fahre ich an den See und gehe schwimmen. Mittlerweile ist sein Wasser schon ziemlich kühl, denn er ist sehr tief. Nur noch wenige Badegäste hat es jetzt, die Saison ist vorbei.
Natürlich ist Jean nicht gekommen und hat auch nicht angerufen – das wird mir nach einigen Monaten so klar, spätestens bei dem Weihnachtsgottesdienst in der Christus Kirche. Und ich bin sogar froh darum! Denn was wäre gewesen, wenn er tatsächlich gekommen wäre? Was für eine Aufregung und welch ein Aufwand hätte es gegeben und wie groß wäre die Erwartung gewesen, die dann vielleicht doch wieder enttäuscht worden wäre. Da bleib ich doch lieber alleine und habe meine Ruhe!
Der nächste Urlaub ist trotzdem schon gebucht, und dieses Mal kommt Carla sogar wieder mit.

Bon Voyage